Horst Rehmann
Gedichteband 4

Horst Rehmann

Gedichteband 4

Rediroma-Verlag

Bibliografische Information der Deutschen Nationalbibliothek:
Die Deutsche Nationalbibliothek verzeichnet diese Publikation in der Deutschen Nationalbibliografie; detaillierte bibliografische Daten sind im Internet über http://portal.dnb.de abrufbar

www.rediroma-verlag.de
14,95 Euro (D)

Horst Rehmann

Als Sohn eines Glückbringers (Kaminkehrermeister) wurde ich am 22. Mai 1943 in Bremen geboren. Meine Kindheit, Lehr,- und Jugendzeit verbrachte ich in Kirchweyhe, nahe Bremen.

Erst mit 21 Jahren entdeckte ich, mehr oder weniger durch Zufall, meine Leidenschaft zum Schreiben und arbeitete von 1964 bis 1971 als freier Publizist für namhafte deutsche Tageszeitungen, u.a. Lübecker-Nachrichten, Bremer-Nachrichten, Neue Osnabrücker Zeitung. Durch meine Vorliebe zu Heinz Erhardt, der mich mit seinen ausgefallenen Sprüchen häufig zur Nachahmung inspirierte, bastelte ich mein eigenes lustiges Konzept

und erfand ständig neue Reime und Redensarten, die ich dann in Kurzgeschichten festhielt. Später, 1988 veröffentlichte ich mein erstes kleines Buch mit nur dreizehn Kurzgeschichten,

einfach so zum Spaß und verteilte es unter Verwandten und Bekannten. Erst durch einen weiteren Zufall, als ich nämlich einen Kunst. und Literaturprofessor kennenlernte und der mir zur Veröffentlichung meiner Arbeiten riet, fasste ich mir ein Herz und legte alles Gesammelte einem Verlag vor. Der erste Schritt war getan und somit mein erstes „richtiges Buch“ auf dem Markt und meine erste Bilderausstellung in Berlin stand fest. Es folgten zwei Kinderbücher und zahlreiche andere Aktivitäten im Literarischen und künstlerischen Bereich. Ölbilder, die ich malte, wurden in

Berlin, Bremen, Nürnberg, Haßfurt, Wien und in Forchheim erfolgreich ausgestellt. Alles natürlich rein nebenberuflich. Beruflich hat es mich dann nach Bayern verschlagen, genauer gesagt, nach Nürnberg. Als Inhaber einer kleinen Firma im Lüftungsbereich musste ich die schriftstellerische und künstlerische Tätigkeit immer mehr nach hinten schieben und sie komplett in meine Freizeit verlagern. Seit 2008 (Rentenalter) wohne ich in Forchheim, am Rande der Fränkischen Schweiz, hier widme ich meine Zeit wieder voll und ganz dem Schreiben und dem Malen. Meine Geschichten, Gedichte und Aphorismen dienen in erster Linie der Unterhaltung. Unterhaltung in dem Sinne, dass ich meine Leser zum Lachen, aber auch zum Nachdenken anrege. Zwischenzeitlich sind zwei weitere Bücher a 300 Seiten mit Aphorismen, Gedichten und Kurzgeschichten entstanden, die im deutschsprachigen Raum erfolgreich verkauft werden. Weitere Bücher sind bereits in Arbeit. Desgleichen entstehen bei mir ständig neue Ölbilder aus der Kategorie „Phantasie - Surrealismus – Realismus“, die ich in Ausstellungen zum Verkauf anbiete.

Auf meiner Homepage www.rehmann-horst.jimdo.com stelle ich einige Kostproben zur Verfügung.

Inhalt

Gedichte aus dem alltäglichen Leben

Gäb´ es die Liebe nicht

Stell Dir vor, es gäb´ die Liebe nicht,
was sollt´ uns dann auf Erden halten,
die Seele wär ein krüppliger Wicht,
und könnte keinen Lauf gestalten.

Stell Dir vor, es gäb´ die Liebe nicht,
wer nur, sollte uns dann aufbauen,
Liebe brauchen wir als Weltgesicht,
in das wir immer freundlich schauen.

Stell Dir vor, es gäb´ die Liebe nicht,
und wir lägen da, wie in Ketten,
dann wär es die Liebe, die sie bricht,
um uns Richtung Freiheit zu retten.

Stell Dir vor, es gäb´ die Liebe nicht,
dann wären wir nur ichbezogen,
gefangen in einem Selbstgericht,
nicht offen, sondern weltverloren.

Doch zum Glück öffnet uns die Liebe,
Horizonte und auch Bindungslust,
hält fern, die abwegigen Triebe,
und stärkt das Herz - in unserer Brust.

Unersetzlich

So liebevoll in deinem ganzen Wesen,
immer freundlich, froh und gut gelaunt,
ist nie ´ne andre Frau zu mir gewesen,
darüber hab ich oftmals schon gestaunt.

Du bist ständig für mich am Putzen,
bügelst Wäscheberge, meterhoch,
so viel Kraft und Fleiß lässt stutzen,
wie lang erträgst du solch Mühsal noch.

Ich lass mir deine Speisen munden,
sie sind gut, Biss für Biss, Stück für Stück,
am Tisch genießen wir die Stunden,
ich schob dir nie den Teller zurück.
Jeden Tag bewundere ich dich,
hab mit dir das große Los gezogen,
ich glaube du bist unersetzlich,
das ist wahr - und - kein Wort gelogen.

Die kleinen Dinge

Das Geringste niemals missachten,
nur weil es so harmlos scheint und klein,
denn genau die winzigen Sachen,
können von sehr großer Wirkung sein.

Über Berge kann man nicht stolpern,
sehr wohl aber über einen Stein,
doch wenn es trotzdem etwas holpert,
kann´s kein Fels, aber ein Kiesel sein.

Gegen Tiere kann man sich wehren,
indem man mit einer Waffe schießt,
gleiches hilft jedoch nicht bei Viren,
wenn die Krankheit schon im Körper sprießt.

Deshalb zeig allen kleinen Dingen,
immer den gebührenden Respekt,
weil sie ihn ehrlich sich verdienen,
denn das Winzige - ist meist perfekt.

Vertieft in Gedanken

Die Erinnerungen gut verstaut,
ein alter Brief in meiner Hand,
auf meinem Körper Gänsehaut,
das Bild von Dir hängt an der Wand.

Völlig vertieft in Gedanken,
les ich von Dir alte Zeilen,
schließe längst noch nicht die Schranken,
möchte noch etwas verweilen.

Schweigend zieh ich durch die Weiten,
komm nicht vorwärts, möchte halten,
denke kurz an alte Zeiten,
als noch unsre Regeln galten.

Heut bin ich mürb und benommen,
muss die schwere Zeit ertragen,
Schönes hast Du mitgenommen,
ohne noch ein Wort zu sagen.

Möcht jetzt stehend, still verweilen,
bin nicht gewillt, mich zu setzen,
Bilder, Briefe, alte Zeilen,
nichts, gar nichts - kann Dich ersetzen.

Ernüchterung

Immer wenn ich auf den Straßen,
die kleinen Kinder lachen seh´,
wie sie miteinander spaßen,
dann tut mein Alter mir leicht weh.

Völlig frei von allen Sorgen,
toben sie auf vielen Plätzen,
kümmern sich nicht um ein Morgen,
wissen nur das Heut zu schätzen.

Ach, wär ich doch noch einmal Kind,
frei von schwierigen Gedanken,
ich würde fliegen mit dem Wind,
mit den Meereswellen wanken.

Gezügelt wird die Fantasie,
es folgt alsbald Ernüchterung,
denn trotz Wille und Energie,
bleibt kein einz´ger Mensch - ewig Jung.

Die Liebe

Die Liebe ist kein bisschen laut,
und garantiert ist sie nicht schrill,
sie ist in dem, was sie sich traut,
bedacht und stets vertraulich still.

Sie zeigt sich und sie zeigt sich nicht,
bleibt trotzdem unverwechselbar,
ständig hält sie ihr Gleichgewicht,
schenkt Herz, als großes Exemplar.

Sie bleibt aber auch fluchtbereit,
denn sie hat Angst, dass man sie bricht,
ihr ist bekannt das glimmend´ Scheit,
und auch die Glut, die schnell erlischt.

So lebt die Liebe unversehrt,
erfährt nichts vom Glück, nichts vom Leid,
hat auch niemanden je belehrt,
sie weiß - der Mensch wird nie gescheit.

Mensch sei mutig

Mensch, Du bleibst kein junger Falter,
wirst irgendwann einmal zum Greis,
täglich mehr spürst Du das Alter,
in Kopf und Glieder den Verschleiß.

Gestern warst Du noch ein Tänzer,
heute plagt Dich starkes Rheuma,
Pillen sind Dein Kostergänzer,
das Geld kommt von der AOK.

Auf der grünen Lebenswiese,
hast Du geflirtet noch sehr spät,
jetzt in Deiner Altwerdkrise,
lebst Du enthaltsam auf Diät.

Auch in Deiner Freundesrunde,
mehren sich die Rentenscheine,
und Du hörst aus deren Munde,
viel von Gicht und Gallensteine.

Doch was hilft das ganze Jammern,
über Altern und Gebrechen,
kannst ans Fit sein Dich nicht klammern,
nur noch lächelnd drüber sprechen.

Zeig Dich mutig und nicht feige,
veränd´re heut noch Dein Programm,
spiele nicht mehr erste Geige,
sondern – blas einfach auf dem Kamm.

Nicht nur dikutieren

Wenn wir ständig nur diskutieren,
und alles aufarbeiten wollen,
dann werden wir die Lust verlieren,
und bald vergessen, was wir sollen.

Denn wer laufend seinen Schnabel wetzt,
der vergisst auch bald schon die Arbeit,
und wenn er dann doch zur Arbeit hetzt,
wird der Lohn gekürzt und es gibt Streit.

Wer immer nur redet, kann nichts tun,
und wer sich nur streitet, hat kein Ziel,
er hat auch nicht Zeit sich auszuruh´n,
kann nicht entspannen und kennt kein Spiel.

Wo sie enden, die Diskussionen,
schwinden meistens auch die Ideen,
denn die Herrschaft der Visionen,
kann ganz schnell aus dem Alltag gehen.

Drum pack an und packe richtig zu,
denn viel zu kurz ist dieses Leben,
jeder Redeschwall verfliegt im Nu,
nur das Tun und Machen - bringt Segen.

Ich glaub ich spinne

Heute ist mein Kopf völlig leer,
kein Gefühl, keine Gedanken,
die Seele unendlich schwer,
mein Verstand auf glatten Planken.

Total verschwommen ist mein Blick,
kein funkeln in meinen Augen,
das Lachen prallt in mir zurück,
ist trübt wie seifige Laugen.

Ungewöhnlich leis pocht mein Herz,
ruft keine geliebten Namen,
nur ein dahin schleichender Schmerz,
sprengt den sonst normalen Rahmen.

Apathie zieht durch mein Leben,
Traurigkeit trübt meine Sinne,
Freude gleicht trockenen Reben,
heut glaub ich wirklich – ich spinne.

Es rennt ein Gedanke

In meinen Kopf rennt ein Gedanke,
der hinaus will in die weite Welt,
doch es blockiert ihn eine Schranke,
die sich vor dem Ausgang hingestellt.

Ich durchforste blitzschnell meinen Kopf,
um ihm den Weg ins Licht zu weisen,
dann kann er vom Mund als freier Tropf,
hinein in meine Finger reisen.

Um sich auf Papier ausdrücken,
und zu zeigen, dass er existent,
so kann er zig Leser beglücken,
und sich freuen – dass man ihn jetzt kennt.

Lehn Dich zurück

Wenn alle Deine kleinen Schwächen,
sich langsam aber sicher rächen,
dann schwillt die Leber, streikt die Galle,
und auch die Puste ist fast alle.

Doch trotz Alter, Weh und Zipperlein,
willst Du keineswegs ein Faulpelz sein,
Du hast in Dir stets das Verlangen,
noch etwas Neues anzufangen.

Nach geraumer Zeit wird jedoch klar,
dass Dein Neubeginn nur Irrtum war.
Drum füge Dich, hör auf zu streben,
lehn Dich zurück - genieß Dein Leben.

Der Alltag

„Na, wie geht´s?“ Was soll man immer sagen.
„So wie auch an all den andren Tagen.“
Alles was man macht ist längst Routine,
auch die künstlich aufgesetzte Miene.

Der Alltag ist, ohne Wenn und Aber,
ein Theaterstück mit viel Gelaber,
heut ein Drama, morgen Komödie,
und manches mal ist´s, ´ne Tragödie.

Seit zig Jahren schon sind die Kulissen,
teilweise verblaßt und arg verschlissen,
trotzdem soll der alte Spielplan walten,
solang noch - die Bühnenbretter halten.

Heute früh im Bett

Heute früh im Bett, ich liege sehr krumm,
will mich gestreckt ans Federbett schmiegen,
ich räkle mich, dreh mich langsam herum,
und denke: „Heute bleib ich mal liegen!“

Dann bimmelt das Handy, ich gehe ran,
es fragt mich einer, wo ich denn bleibe,
ich brülle ihn äußerst schlaftrunken an:
„Es ist halb sieben, bleib mir von Leibe!“

Dann krieche ich müde ins Bett zurück,
drehe mich ein, fühle mich richtig gut,
schnaufe vergnügt, schnurre leise vor Glück,
schlafe noch kurz, steh dann auf, weil man´s tut.

Im Bad schaue ich mich im Spiegel an,
kann die Augenlider kaum hochkriegen,
„Du elender Dummkopf“, schimpfe ich dann,
„morgen bleibst du Dussel - wirklich liegen!“

Erlebnis beim Spaziergang

Trübes Nass an vielen Stellen,
schillert unentwegt im Licht,
und des Windes harte Wellen,
formen mit Laub ein Farbgesicht.

Voll bedeckt von müden Blättern,
ist auch die schöne Parkallee,
Tropfen die dort niederschmettern,
bilden aus Pfützen einen See.

Ein junges Reh, das traurig blickt,
erleidet sicherlich viel Schmerz,
und weil es keucht und fast erstickt,
massiere ich geschwind sein Herz.

Befreie es vom kühlen Nass,
kann auch sogleich den Herzschlag spür´n,
setz es vorm Nadelwald ins Gras,
kann´s Richtung - scheuer Mutter führ´n.

Leider ist es so

Ich weiß, dass man mich nicht versteht,
doch ich muss es wohl ertragen,
weil´s vielen Menschen so ergeht,
wenn sie Dummköpfen was sagen.

Sie reden dämlich vor sich hin,
und auch im Spotten sind sie groß,
letztendlich stellen sie darin,
nur ihre eigne Dummheit bloß.

Die Medien versorgen sie,
mit den billigsten Parolen,
die sie dann voller Euphorie,
und kritiklos wiederholen.

Kein Dummkopf erzählte solch Quark,
wenn er im Land alleine wär´,
doch leider macht ihn stolz und stark,
das große Dumme-Menschen-Heer.

Denn deren Masse ruiniert,
tagtäglich unser Vaterland,
und eine Vielzahl triumphiert,
anscheinend auch - ohne Verstand.

Nicht zur Umkehr bereit

Dir war dein Umfeld viel zu leise,
mit lautem Lachen und grobem Witz,
versuchtest du auf deine Weise,
zu trotzen dem Donner und dem Blitz.

Mit Streben alles fortzuscherzen,
das dich stets wie ein Dämon umfing,
gelang´s dir nicht, trotz hartem Herzen,
zu lösen, diesen drückenden Ring.

Unwägbarkeit war das der Dummen,
du lachtest sie nur kopfschüttelnd aus,
doch dein Lebensglas war zersprungen,
eisige Kälte zog in dein Haus.

Trotz Mahnung bliebst du mürrisch liegen,
hattest auch für niemanden mehr Zeit,
du wurdest komisch und gediegen,
warst leider nicht – zur Umkehr bereit.

Wutanfall

Wenn der ganze Körper zittert,
das Bevorstehende wittert,
der Geduldsfaden auch fast reißt,
weil der inn´re Schweinehund beißt.

Wenn der Kopf feuerrot anschwillt,
und der Zorn aus der Seele quillt,
Feuer unter den Schläfen brennt,
und Wut blind durch die Glieder rennt.

Die Haut sich teuflisch enger spannt,
der Blick sich im Tunnel verbannt,
Rufe heiße Lava spucken,
alle Nerven krampfhaft zucken.

Wenn Lippen werden weiß wie Schnee -
dann hilft Ruhe, auf dem Kanapee,
die Stirn stark kühlen mit Tüchern,
und stöbern - in Gedichte-Büchern.

Kriegskind

Alle Muskeln stark angespannt,
das Messer immer schnell zur Hand,
um sich zu wehren in Nöten
und schlimmstenfalls, auch zu töten.

Mit fünfzehn schon ein Stadtsoldat,
weil man kein zuhause mehr hat,
ausgebombt, allein gelassen,
lungert man durch alle Gassen.

Stets betteln um ein Stückchen Brot,
Argwohn wird oberstes Gebot,
und aus vielen Emotionen,
wachsen alsbald Aggressionen.

Täglich durchs Kriegsgebiet gehen,
und den Tag heil überstehen,
niemals zeigen Schwäche und Angst.
obwohl man ständig denkt: „Jetzt langt´s.“

Die Besserwisser

Man hört oft von “schlauen Füchsen“,
die, ganz egal was man auch sagt,
meinen, dass sie alles wüssten,
und das sie´s alles schon durchdacht.

Schlauberger von dieser Sorte,
für die es gar nichts Neues gibt,
sagen gerne diese Worte:
„Ja, ja, das weiß doch jedes Kind.“

Typen gibt es auch mit Stärken,
die alles, worüber man spricht,
rotzfrech mit dem Spruch bemerken:
„Das ist längst schon meine Sicht.“

Die Bauernschlauen, die witzeln:
„Es ist seit langem sonnenklar,
da gibt's auch nichts zu bekritzeln,
weil das doch schon immer so war.“

Klugscheißer aus diesen Sparten,
waren noch nie gewissenhaft,
wer klug ist, setzt auf die Karten,
Erfahrung, Weisheit, Wissenschaft.

Menschliche Waffen

Die allerschlimmste Waffe ist das Schweigen,
es fordert die Herrschaft, es zeigt enorme Macht,
und es wird allen Opponenten zeigen,
wer nach der sinnlosen Schlacht, das Sagen hat.

Die Sturheit aber, hat die stärksten Nerven,
sie verhandelt nicht, bleibt einfach starr und stumm,
an ihr lässt sich kein eins´ges Messer schärfen,
jeder Spieß und jeder Speer wird an ihr krumm.

Es gilt, den harten Panzer aufzubrechen,
solang der Wind noch milde ihn umweht,
ansonsten wird ein Krieg das Schweigen rächen,
und alles, alles Reden - kommt dann zu spät.

Abends spazieren gehen

Spaziergänger sind nicht entzückt,
von dem, was abends Fenster schmückt,
zwischen den Holzrahmen und Kitt,
sehen sie Kitsch auf Schritt und Tritt.

Aus einem Zimmer leuchtet hell,
eine Nilpferdlampe furchtbar grell,
und im Fenster gleich nebenan,
hängt ein zuckender Hampelmann.

Daneben grinst ein Kürbiskopf,
auf einem alten Blumentopf,
und den Zinnober schaut sich an,
ein ausgestopfter Auerhahn.

Vom nächsten Fenster eingerahmt,
ein Streichelzoo aus Plüsch und Samt,
und mittendrin steht nackt und bloß,
Barbie, ´nen halben Meter groß.

Der Mensch, der durch die Straßen geht,
und in Fenstern Nonsens erspäht,
der fragt als Betrachter zu Recht:
„Sind diese Leute - noch ganz echt?“

Wissen

Muss denn alles wissenschaftlich sein,
meist ist es aber das, was beschränkt,
das Wissen des Menschen ist zu klein,
wenn er nur in engem Rahmen denkt.

Wenn der Geist ganz ohne Zwänge reist,
entdeckt er viel mehr in Raum und Zeit,
auch wenn er manchmal dabei entgleist,
in die scheinbare Unmöglichkeit.

Denn keiner wird wissen, was sein kann,
der Möglichkeitsbereich ist zu groß,
und ist auch nicht immer Wahrheit dran,
tritt so manches oft - Erkenntnis los.

sRaum und Zeit

Jeder kennt Anfänge und Enden,
doch niemand kennt die Unendlichkeit,
auch Seiten kann jeder leicht wenden,
jedoch nie den Raum und nie die Zeit.

Der Raum ist mit der Zeit verbunden,
beide geben Leben und Gestalt,
als Existenz von Geist umwunden,
ergibt sich daraus der Gehalt.

Ein Teil von dem ist unser Leben,
das sich schnell im Endlosen verliert,
drum muss es Enden für uns geben,
mit unserem Geist - der lenkt und führt.

Ein Stück Käsekuchen

Leckerbissen braucht man nicht missen,
muss auch nicht lange danach suchen,
für mich ist solch ein Leckerbissen,
frisch gebackener Käsekuchen.

Doch Käsekuchen mit Rosinen,
den mögen manche Leute gar nicht,
sie dreh´n sich ab, mit düst´ren Minen,
und verkünden lauthals, den Verzicht.

Ich ess´ ihn gerne mit der Gabel,
oder nehm ihn einfach in die Hand,
öffne sperrangelweit den Schnabel,
genieß das Stück, samt knackigem Rand.

Käsekuchen ist gut verträglich,
für die Organe auch nicht zu süß.
davon ein kleines Stückchen täglich,
und man fühlt sich – wie im Paradies.

Der Frühling hat es eilig

Die Vögel singen bereits Lieder,
flattern froh und völlig unbeschwert,
auch Kinderlachen hört man wieder,
so, als sei der Frühling eingekehrt.

Im Wald blüh´n erste Leberblümchen,
ihr Blau schaut aus braunem Laub hervor,
und auch die fleiß´gen kleinen Bienchen,
wirbeln gelben Blütenstaub empor.

Schon bald schmückt zartes Grün die Bäume,
und Blüten strahlen in Rosarot,
Menschen erfüll´n sich ihre Träume,
grillen im Garten ihr Abendbrot.

Der Frühling hat es sehr, sehr eilig,
drum treibt er den Winter aus dem Land,
pünktlich erscheinen ist ihm heilig,
weil sie ihm zusteht – die Oberhand.

Guten Tag Frühling

Guten Tag Frühling, sei willkommen,
habe deinen Duft wahrgenommen,
jetzt erwacht die Natur zum Leben,
viel Schöneres kann es kaum geben.

Endlich strahlt wieder dein helles Licht,
das ich seit Monaten so vermisst,
Krokusse blühen wohin ich seh´,
Schneeglöckchen sagen langsam ade.

Veilchen sprießen bereits im Garten,
die Tulpen wollen nicht mehr warten,
Forsythien versprüh 'n ihren Duft,
und Osterglocken brauchen Frischluft.

Und auch das zarte Vergissmeinnicht,
freut sich auf den Frühling, so wie ich,
die Natur beginnt sich zu sonnen,
Frühlingzeit - sei herzlich willkommen.

Frühling spaziert durchs Land

Wenn nach so vielen kalten Tagen,
leises Plätschern im Bach erklingt,
wenn Pflanzen neues Leben wagen,
ihr zartes Grün nach außen dringt,
wenn aus den Ästen Knospen stoßen,
Wärme durch Wald und Auen fließt,
wenn Himmel und Erd' sich liebkosen,
frisches Leben aus Feldern sprießt,
wenn Vögel morgens Lieder singen,
müdes Getier damit wecken,
wenn Kinder in Vorgärten springen,
die Arme zur Sonne strecken -
dann -
ja dann, spaziert der Frühling durchs Land,
präsentiert sich im schönsten Kleid,
zeigt an , dass er den Winter verbannt,
und jetzt allein herrscht – weit und breit.

Sternenmacht

Die dunkle Nacht ist der Sterne Wächter,
am Himmelszelt sind sie treue Pächter,
hell leuchtend, weit entfernt und völlig frei,
rufen sie stets Wohlbefinden herbei.

Jeder Einzelne hat Macht zur Seele,
dass sie in keinem Menschenherz fehle,
der Blick hinauf begünstigt Verlangen,
vertreibt Leid, Kummer, Sorgen und Bangen.

Sterne sind Begleiter auf jedem Weg,
und führen sicher über jeden Steg,
sie werden immer ihr Bestes geben,
jedem Einzelnen – im ganzen Leben.

Alles lebt

Alles was durch die Zweige weht,
streift auch das Leben, das sich regt,
egal was man davon versteht,
Leben ist das, was sich bewegt.

Doch mit der Zeit weht alles weg,
der Wind trägt es ganz einfach fort,
auch dafür gibt es den Beleg,
den wir sehen, an jedem Ort.

Alles bewegt sich, weil es lebt,
es bleibt nicht einen Augenblick,
weil es zum Vergessen strebt,
geht es geschwind und ohne Glück.

Das Leben ist Veränderung,
es weht wie der Wind mit der Zeit,
völlig unterschiedlich im Schwung,
verschwindet´s - in die Ewigkeit.

Nacktschnecken

Nacktschnecken kriechen pitschenass,
durchs Gemüsebeet und durchs Gras,
doch diese braune Schleimspurbrut,
ahnt nicht, was oft der Gärtner tut.

Er zweigt von seinem Bier was ab,
und schüttet fix, auch nicht zu knapp,
dieses Nass in Plastikbecher,
lauert dann, auf Hopfenzecher.

Beim Brokkoli, nah der Hecke,
kommt umgehend ´ne Nacktschnecke,
holt auch noch ein paar Kollegen,
ganz allein des Bieres wegen.

Dann erfolgt ein Saufgelage,
bei der dummen Gartenplage,
und vom Alkoholaroma,
fallen viele gleich ins Koma.

Gelähmt und vom Suff benommen,
gibt es keinerlei Entkommen,
so wird die besoff´ne Meute,
für den Gärtner - leichte Beute.

Nicht alles läuft glatt im Leben

Kein Mensch kommt in seinem Leben,
ständig ungeschoren davon,
ein Schritt geht immer daneben,
und schon rappelts im Karton.

Kein Mensch fährt nur auf Prachtstraßen,
und keiner hat stets leichtes Spiel,
jeder kennt auch Schlaglochgassen,
und kommt deshalb zu spät ins Ziel.

Kein Mensch erntet ständig Früchte,
die ein Wurm nie angefressen,
manchmal kommt auch in die Küche,
ein vermurkstes Ekelessen.

Kein Mensch sitzt für immer oben,
auf einem Laubberg wie ein Lurch,
denn wird der Berg weggeschoben,
gibt's nur noch, Augen zu und durch.

Ein Mensch, der einmal gefallen,
benötigt frischen Lebensmut,
muss aufsteh´n, die Fäuste ballen -
sein Neubeginn – wird sicher gut.

Ein Kind – zwölf Fragen

„Mami, wie sehen denn Engel aus,
leben sie in einem Wolkenhaus,
haben sie wirklich blonde Locken,
die so arg glitzern, wie Schneeflocken,
tragen die Engel Sterne weiter,
singen sie auf der Himmelsleiter,
sind sie so schlank wie Weidenruten,
oder so dick wie Nachbars Putten,
hat ihre Haut keinerlei Falten,
sind sie echt, oder Geistgestalten,
die stets hübsch, jugendlich und gescheit,
umher schweben, durch die Ewigkeit,
und - haben Engel wirklich Flügel?"
„Mein lieber Schatz, so viele Fragen,
schau doch ganz einfach in den Spiegel,
er wird dir die Antworten sagen!"

Gewohnheiten

Gewohnheiten sind wie Viren,
sie kleben fest bei Tag und Nacht,
es ist schwer, sie zu verlieren,
denn sie verfügen über Macht.

Am meisten stört an dieser Sache,
dass es furchtbar viele davon gibt,
und das trotz Gegenwehr und Rache,
der Mensch sie stets nur vor sich her schiebt.

Doch hat er sich mal überwunden,
und Laster entfernt aus dem Quartier,
wird auch prompt ein Neues gefunden,
so bleibt der Mensch – ein Gewohnheitstier.

Mein Kater

Mein Kater hat einen irren Trick,
zeigt mir, wie ein Hund, den Dackelblick,
dieser irre Blick, ganz ohne Scherz,
trifft ganz genau, mitten in mein Herz.

Mit diesem so treuherzigen Blick,
vollzieht mein Kater nur einen Trick,
dieser kleine Schlingel weiß genau,
Leckerli gibt´s für solch eine Show.

Ich schmelz wie ein Stück Butter dahin,
denn ich kenn des Katers Blickes Sinn,
es fällt mir schwer zu widerstehen,
wenn seine Augen ständig flehen.

Mit dem Treueblick, voller Magie,
verfolgt er gekonnt, ne´ Strategie,
voller Schläue und Raffinesse,
zeigt er mir sein Fressinteresse.

Doch sag ich zu ihm mal ernsthaft - nein,
schaut er traurig und beleidigt drein,
zieht sich dann für ein Weilchen zurück,
und versucht später erneut sein Glück.

Ich kann ihn jeden Tag ertappen,
wenn er verlangt, nach Schlemmerhappen,
und ganz bestimmt versucht er es auch,
wenn ich ihn kraule an Kopf und Bauch.
Nicht einen Tag möcht ich verzichten,

auf den treuen Kater-Dackelblick,
mein Kater gehört in mein Leben,
niemals - würde ich ihn hergeben.

Abschied von Kater Kuno

Kuno mein Freund, es ist jetzt Zeit,
dir einen Hinweis zu geben,
der Schatten, der herbeigeeilt,
senkt sich herab auf dein Leben.

Viel Freude hast du mir gemacht,
wolltest stets neben mir liegen,
hast Harmonie ins Haus gebracht,
mit schnurren und mit anschmiegen.

Die Couch hast du mit mir geteilt,
und zuweilen auch die Speisen,
zum Schmusen warst du gern bereit,
wolltest so, Liebe beweisen.

Dein Leib ist schlaff, es tut mir Leid,
recht hohl sind auch deine Flanken,
dein Tag ist voller Müdigkeit,
du bist immer nur am Schwanken.

Deine Augen sind trüb, nicht blank,
deinem Haar fehlt Seidenschimmer,
seit langem bist du sterbenskrank,
jetzt musst du gehen, für immer.

Mein lieber Kater, es ist hart,
lass mich dir die Hände reichen,
du warst ein guter Kamerad,
ein Kuscheltier – zum Herzerweichen.

Erkenntnis

Viele starren mit spöttischem Blick,
auf dein tief herab gesenktes Haupt,
denk daran, das ist keine Comic,
oder hast du das wirklich geglaubt.

Sie folgen dir, wohin du auch rennst,
wenn sie reden, bist du einfach still,
wie lange dauert´s, bis du erkennst,
das man nur frech mit dir spielen will.

Wenn der Würfel eine Drei anzeigt,
dann rückst du brav diese Felder vor,
und wenn sich der Tag dem Ende neigt,
weinst du wieder, wie am Tag zuvor.

Für sie ist es ein heiterer Spaß,
sie feixen nur und lecken dein Blut,
doch deine Zellentür ist aus Glas,
und in dir kocht längst die blanke Wut.

Heimlich träumst du, es doch zu wagen,
diese Glasstäbe deiner Gitter,
einfach mit der Faust zu zerschlagen,
doch du hast Angst vor jedem Splitter.

Am Ende bleibt dann die Erkenntnis:
„Du musst ihn finden, den Weg zum Glück,
und jetzt zerbrechen, das Gefängnis,
sonst bleibst du schuldig - allein zurück."

Nein, damals gab´s das nicht

Nein, nein, damals gab es so etwas nicht,
scheußliche Tattoos auf Bauch und Rücken,
Kugeln und Ringe im ganzen Gesicht,
Schamlippen-Piercing zum Mann entzücken.

Internet-Glücksspiel und sprachloser Chat,
Horror, Mord und Todschlag haben nie frei,
junge Pärchen liegen vögelnd im Bett,
von früh bis zur Nacht, nur Angeberei.

Keine Manieren und hirnloser Slang,
Kopfhörer am Ohr und kauendes Maul,
Jeanshosen zerrissen und viel zu eng,
fast jeder Glatzkopf ist grundsätzlich faul.

Dreckige Sprüche statt Goethe und Kleist,
zig Hauswände mit Graffiti verdreckt,
Alkohol gilt als alleiniger Geist,
“rein das Gesöff“ bis die Leber verreckt.

Nein, nein, damals, da war alles noch gut,
Deutsche Regierung war Bollwerk am Rhein,
auch wenn er mal log, der Alte mit Hut,
nie wieder wird´s hier - so lebenswert sein.

Vieles geht schief

In der Spülmaschine klappert´s laut,
hab sie wohl falsch zusammen gebaut,
auch am Toaster, der oft qualmt und stockt,
hab ich sicherlich etwas verbockt.

Der Kaffee schmeckt trotz allem klasse,
oh, jetzt zerspringt auch noch die Tasse,
die Pfanne hab ich schrecklich zerkratzt,
wegen dem Ei, hab ich´s wohl verpatzt.

Am Kühlschrank geht das Eisfach nicht auf,
ich tobe laut, bin wohl nicht gut drauf,
der Tisch wackelt mit der Uhr im Takt,
hab vom Bein ein Stückchen abgehackt.

Das Holzstück, das sowieso nichts taugt,
habe ich gleich darauf weggesaugt,
bei der Lampe fehlte mir Vorsicht,
ohne Schirm bringt die Birne auch Licht.

Seit Tagen geht bei mir vieles schief,
vielleicht, weil mir viel Schweiß runter lief,
oder hab ich das, was jeder kennt,
das man im Volksmund - “Dachschaden“ nennt.

Die Fledermaus

Die Nacht sendet ihre Schwärze aus,
immer dunkler wird die Dunkelheit,
ihre Flügel spannt die Fledermaus,
und schwebt völlig lautlos durch die Zeit.

Faszinierend tanzt sie jede Nacht,
flattert ohne erkennbares Ziel,
hat über Insekten jede Macht,
spielt mit ihnen ihr tödliches Spiel.

Sie lässt sich auch nur schwer einfangen,
selbst wenn man sie jagt im Stall, im Haus,
fast nie wird man zu ihr gelangen,
man siehst nur Schatten - der Fledermaus.

Ein Vagabund

Auf der Straße ein Vagabund,
der tippelte durchs ganze Land,
neben ihm lief sein treuer Hund,
mit dem er sein Dasein verband.

Dieser Mann war stets gut gelaunt,
bewahrte immer seinen Stolz,
wurde oft beglotzt, auch bestaunt,
er nahm´s hin und dachte: „Was soll´s."

Völlig sorglos und ohne Schmerz,
wanderte er von Ort zu Ort,
gutes Gewissen, reines Herz,
drückten all seinen Kummer fort.

„Vorwärts, sich nur nicht umschauen,
immer der Sonne entgegen,
auf niemand Anderen bauen."
Dieser Satz – prägte sein Leben.

Die alte Mühle

Kratzend, mahlend ohne Ruhe,
drehte sich der schwere Mühlstein,
daneben stand eine Truhe,
dort rutschte grobes Schrot hinein.

Über krarrend morsche Bretter,
mussten Müller Lasten tragen,
ohne Rücksicht auf das Wetter,
füllten sie die Pferdewagen.

Doch die Zeit hat sich gewandelt,
der schwere Mühlstein mahlt nicht mehr,
Korn wird längst anders behandelt,
die alte Mühle - steht nun leer.

Jeder müsste einmal ...

Jeder müsste einmal zur Probe leben,
und prüfen, was war gut, was ging daneben,
so könnten wir alle Fehler notieren,
und sie im zweiten Leben korrigieren.

Alle Taten könnten wir überdenken,
und viele auf andere Wege lenken,
Gefahren würden wir viel früher sehen,
so manches Ereignis besser verstehen.

Der Vernunft verliehen wir größere Macht,
gäben weit mehr auf unsre Gesundheit acht,
wir wären vorsichtiger beim Riskieren,
weil wir dann auch wüßten, was wir verlieren.

Wir träfen sie wieder, unsere Lieben,
die schon vor langer Zeit von uns geschieden.
Ach, wär uns nur diese Gnade gegeben,
das Leben - erst mal auf Probe zu leben.

Auszeit am Meer

Ich sehe den wirbelnden Sand,
das Wasser peitscht gegen Klippen,
viele Muscheln liegen am Strand,
und ich spür Salz an den Lippen.

Das Meer ist lautstark am Rauschen,
kaum etwas Andres ist zu hör´n,
nur den Möwen kann ich lauschen,
die sich gegen Fische verschwör ‘n.

Und Weiden sehe ich viele,
sie beugen sich im starken Wind,
erinnern an wilde Spiele,
die auch mich verbogen, als Kind.

Nun sitz ich hier, will nicht denken,
blicke still und sorglos aufs Meer,
lass mich durch nichts mehr ablenken,
denn solch Auszeit – liebe ich sehr.

Souvenirs

Souvenirs müssen wir haben,
weil sie Erinnerungen sind,
möglichst in schillernden Farben,
und so schön, wie ein Vorzeigkind.

Die Pyramiden aus Messing,
von Tutanchamun ein Wandbild,
den Skarabäus als Wunschring,
und von Luxor ein Ansichtsschild.

Vom Urlaubsort muss etwas her,
ganz egal, ob groß oder klein,
Andenken liebt ein jeder sehr,
sie müssen gar nicht wertvoll sein.

Den Eiffelturm aus Edelstahl,
und aus Stein den Bremer Roland,
vom Fußballverein einen Schal,
Miesmuscheln von der Waterkant.

Einen geschnitzten Alpengreiß,
das Matterhorn aus Porzellan,
einen Filzhut mit Edelweiß,
das alles kauft man gern, spontan.

Tausendfach gibt es diesen Kitsch,
und die dummen Käufer sind wir,
wir kaufen selbst die Tower Bridge,
als – Urlaubs - Vorzeig – Souvenir.

Stoßgebet

Hitzewelle, achtunddreißig Grad,
für uns Europäer furchtbar hart,
nur schwitzen, nicht nach draußen gehen,
lieber Gott, willst du es nicht sehen.

Große Dürre, knackende Äste,
harte Äcker, Erntereste,
kaum noch Ziergewächse im Freien,
verdorrte Blumen in zig Reihen.

Leere Flussbetten, Schiffe mit Leck,
und in Brunnen statt Wasser, nur Dreck,
Menschen tummeln sich in Freibäder,
oder fahr´n in den Wald, mit Räder.

Es helfen nur noch Regenschauer,
nicht kurz, sondern von langer Dauer,
sonst wird selbst das Gras auf Wiesen braun,
Landschaften wär´n nicht mehr anzuschau´n.

Es ist doch kaum noch auszuhalten,
Herr im Himmel, lass Güte walten,
schicke uns das lang ersehnte Nass,
dann macht unser Leben - wieder Spaß.

Wehwehchen im Alter

Haare grau und die Haut recht fahl,
Haut und Haar wie neu, war einmal,
da nutzt keinerlei Gewimmer,
denn im Alter kommt´s noch schlimmer.

Haare wachsen aus den Ohren,
der Geruchsinn geht verloren,
alle Zähne werden lose,
wahrscheinlich Paradentose.

Schmerzend, wie die Zähne kommen,
so werden sie auch genommen,
jedoch das künstliche Gebiss,
ist meistens nur ein Hindernis.

Etwas trüb wird die Pupille,
trotz der gut geschliff'nen Brille,
der ganze Körper wirkt kläglich,
denn der Bauchumfang wächst täglich.

Etwas unterhalb vom Nabel,
ist es auch nicht mehr passabel,
der Unterbauch ist recht faltig,
und der Urin zuckerhaltig.

Der Po ist nicht mehr prall und rund,
er leidet unter Muskelschwund,
selbst am Darmausgang die Falten,
können kaum den Stuhlgang halten.

Mächtig stören auch den Frieden,
die kirschgroßen Hämorrhoiden,
und der einst so quirlige Schlauch,
hängt als toter Wurm unterm Bauch.

Und vom Knie bis zu den Haxen,
sind die Krampfadern gewachsen,
der Schmerz zieht bis in die Zehen,
ein Stock wird gebraucht beim Gehen.

Diese genannten Beschwerden,
müssen hingenommen werden,
Wehwehchen gibt es noch zu Hauf,
sie gehör´n – zu des Lebens Lauf.

Gedanken zum Alter

Man überlegt hier auf Erden,
bereits mit zehn als kleines Kind,
wie´s ist mit dem älter werden,
und ob´s mit Zwanzig schon beginnt.

Doch ist man erst einmal zwanzig,
grübelt man nur noch halb so steif,
und glaubt, erst so um die Vierzig,
ist man für den Rollator reif.

Mit Vierzig ist man schon weiser,
und vom Leben mächtig geprägt,
die Prognosen werden leiser,
sechzig wird als alt festgelegt.

Jedoch auch mit sechzig Lenze,
ist man noch immer fit und flott,
achtzig wird zur Altersgrenze,
erst dann ist man nutzloser Schrott.

Doch mit Achtzig wird man lachen,
und denken: „Noch bin ich nicht dran,
werde einfach weitermachen,
Alt sein - fängt erst mit hundert an.“

Unsere Nahrung

Wenn man in Medien so hört,
was bei der Nahrung alles stört,
dann dürfte man, dem gemessen,
nichts mehr trinken und nichts essen.

Überall wird was gefunden,
und gleich mit „schadhaft“ verbunden,
alles ist man am Vermiesen,
obwohl vielfach nichts bewiesen.

Krebserregende Stoffe, Fett,
viel Schlechtes liegt auf dem Tablett,
nichts muss man zur Seite schieben,
denn meistens wird nur übertrieben.

Doch denen es schmeckt, die sind schlau,
sie nehmen´s nicht peinlich genau,
essen auch das, was nicht erlaubt,
und sind gesünder - als man glaubt.

Weinen

Wer meint, man darf niemals weinen,
der sollte denken, nicht meinen,
denn schon als Kind hat man erlebt,
wie beim Weinen der Körper bebt.

Manchmal war der Schmerz riesengroß,
bei dem man die Tränen vergoss,
und wenn es wegen Trauer war,
war´n es sicher nicht nur ein paar.

Weinen muss man auch dann und wann,
damit man sich erleichtern kann,
da wird dann so heftig gelacht,
dass es im Bauche Schmerzen macht.

Ob Trauer, ob Glückseligkeit,
Tränen stehen immer bereit,
und fließen sie von den Wangen,
gibt's Tücher um sie zu fangen.

Tränen gehören zum Leben,
die Freud und Leid Ausdruck geben,
weinen darf man zu jeder Zeit,
denn weinen tut gut - und befreit.

Verkehrt wär´s

Verkehrt wär´s, in einer verkehrten Welt,
in der man Häuser auf die Dächer stellt,
die Obstbäume mit der Krone einpflanzt,
auf beiden Händen Wiener-Walzer tanzt.

Verkehrt wär´s, Schuhabsätze vorn zu tragen,
erst zu antworten und dann zu fragen,
anstatt Hände, die Füße schütteln,
oder Straßen, statt den Schotter rütteln.

Verkehrt wär´s, den Herd auf den Topf zu stellen,
die Tür eintreten und danach erst schellen,
den Vorgarten in die Blumen sähen,
den Rasen umstechen und dann mähen.

Verkehrt wär´s, Schafe auf Hunde zu hetzen,
Nester auf brütende Vögel zu setzten,
Nutztiere schlachten und dann mästen,
Wasserspiegel mit dem Hammer testen.

Verkehrt läuft so allerhand im Leben,
immer wieder geht etwas daneben,
und wer sich mit aller Kraft dagegen wehrt,
der macht garantiert – auch noch was verkehrt.

Ein heißer Tag

Wenn ich früh am Schreibtisch sitze,
plagt mich schon die Sommerhitze,
durchs Fenster strahlt der Sonnenschein,
trotzdem schalt ich den Laptop ein.

Ich mach´s, obwohl´s mir widerstrebt,
und weil der Schweiß am Rücken klebt,
doch um mich etwas aufzubau'n,
beginne ich, mit E-Mail schau'n.

Dann tipp ich auf die Tastatur,
und mach erst Pause um neun Uhr,
ein starker Kaffee muss jetzt her,
sonst schaff ich heute gar nichts mehr.

Bis Mittag schreib ich ein Gedicht,
dann gönn ich mir mein Leibgericht,
danach mache ich ein Schläfchen,
zähle vorher weiße Schäfchen.

Gern würde ich noch länger ruh 'n,
doch leider gibt es viel zu tun,
jeden Tag dieselbe Leier,
warum, weshalb, weiß der Geier.

Feierabend ist dann im Nu,
mein Laptop klappe ich rasch zu,
gönne mir noch einen Rotwein,
und döse - in die Nacht hinein.

Fünfunddreißig Grad

Mein Rasen ist nur noch welkes Gras,
und mein Bier verdunstet schon im Glas,
meine Suppe wird Gemüsebrei,
und die Wurst darin platzt laut entzwei,
auch am Tellerrand wird's nicht kühler,
Bienen verbrennen sich die Fühler.

Fünfunddreißig Grad, das reicht dann wohl,
deshalb spring ich in den Swimmingpool,
doch weil ich selbst im Wasser schwitze,
zerplatzt mein Schwimmreif bei der Hitze,
so viel Wärme hab ich nie gemocht,
weil im Wasser fast der Hoden kocht.

Jetzt verschwinde ich erst mal im Haus,
und zieh meine Badehose aus,
denn nasser Stoff am Intimbereich,
macht alles was da hängt, schlaff und weich,
nackt geh ich wieder in den Garten,
und lasse mich - nahtlos - braun braten.

Schnelllebigkeit

Alles geht viel zu schnell vorbei,
Freundschaft, Glück, sogar Liebelei,
besser wär´s, nicht dran zu denken,
weil noch andre Dinge kränken.

Es wird weggeworfen, konsumiert,
kein Mensch, den es interessiert,
die Schnelllebigkeit ist gefragt,
Gefühle werden fortgejagt.

Im Hirn wird alles weg gespült,
nichts wird mit dem Herzen gefühlt,
doch Sorgen bleiben und Zeit vergeht,
weil richtig leben, keiner versteht.

Jeder Tand wird angeboten,
meistens auch noch von Chaoten,
doch wer klar denkt - im Jetzt und Hier,
fragt sich – was bleibt eigentlich mir.

Rentnertag - Tagesablauf

Rentnertag ganz kurz beschrieben,
unter, oder übertrieben?

Morgens hat er Lust auf den Tag,
macht aber nur das, was er mag.

Mittags lässt er sich nicht stressen,
und geht gemütlich etwas essen.

Nachmittags bäumt er sich auf,
nimmt einen Kaffee gern in Kauf.

Abends legt er sich fix ins Bett,
noch mehr beschreiben – wär nicht nett.

Ein Rentnerleben

Rentner sind nicht aus der Ruh zu bringen,
sie steh´n schon längst über allen Dingen,
sie gehören nun mal zu den Weisen,
müssen nichts und niemand was beweisen.

Gemächlich wird ein Rentnertag verbracht,
nur manchmal an Stress von früher gedacht,
Hektik und Aufregung sind gewesen,
heute wird still die Zeitung gelesen.

Im Beruf hat man ständig dirigiert,
jetzt wird im eignen Leben korrigiert,
zwar nur ein wenig und nur in Maßen,
aber das Meiste kann man so lassen.

Manch ein Rentner betätigt sich sportlich,
fühlt sich für seinen Leib verantwortlich,
Arme und Beine werden geschwungen,
das fit bleiben ist somit gelungen.

Jeder Ruheständler fühlt sich glücklich,
wenn alles harmonisch ist und friedlich,
und wenn er nicht in Armut leben muss,
dann wird sein Lebensabend - ein Genuss.

Wenn mein Leben

Wenn mein Leben ganz neu begänne,
ob ich dann wohl ein Anderer wär,
mit Anlagen, die ich nicht kenne,
jedoch im Stillen oftmals begehr.

Mit Fantasien und Gedanken,
würde erschaffen ein neuer Raum,
Ideen würden wachsen und ranken,
doch letztendlich vergehen wie Schaum.

Oh nein, ich bin geformt schon Jahre,
wurd beschenkt mit Leid, Kummer und Glück,
mich anders wünschen, Gott bewahre,
vom Erlebten - gäbe ich nichts zurück.

Alles nur auf Zeit

Man besitzt alles nur auf Zeit,
auf dieser wunderschönen Welt,
von jeder kleinsten Kleinigkeit,
bis hin zur Villa und zum Geld.

Es hat zwar jeder das Bestreben,
stets etwas Besseres zu sein,
doch solch Anstrengung im Leben,
bringt letztendlich auch nichts ein.

Jeder will sein Gut beschützen,
verteidigt es, wild wie ein Stier,
leider wird es gar nichts nützen,
denn es bleibt alles einmal hier.

Alles besitzt man nur auf Zeit,
alles Erreichte, jedes Glück,
doch irgendwann ist es soweit,
man geht und lässt alles zurück.

Drum soll man sein Leben leben,
sich freuen wann und wo man mag,
möglichst nur das Beste geben,
alles genießen – Tag für Tag,

Sommersonne

Mir ist, na ja, ich weiß nicht wie,
es besteht kein Grund zu weinen,
ich nenn's einfach Melancholie,
bin nicht voll mit mir im Reinen.

Mir geht nichts von der Hand, recht flott,
ich frag mich, woran kann´s liegen,
ist denn vielleicht der Sommertrott,
daran schuld, nichts hinzukriegen.

Nun aber stopp, es ist genug,
das ist doch langsam die Höhe,
es grenzt schon bald an Selbstbetrug,
wenn ich still nach draußen sehe.

Jetzt ist Schluss, ich jammere nicht,
denn mein Herz lacht voller Wonne,
beruhigend wirkt das Angesicht,
der goldenen Sommersonne.

Ein heißer Sommertag

Sommer, du verbreitest Qualen,
machst Felder braun und Blätter bunt,
es steigen die Wärmezahlen,
du gibst damit die Dürre kund.

Doch mich beschützt, hoch über mir,
kühler Schatten einer Weide,
kräftig und tapfer steht sie hier,
mit Blattwerk, schillernd wie Seide.

Meine Nase genießt den Duft,
auf meiner Haut spür ich Hitze,
gefangen in der trocknen Luft,
sitze ich ganz still und schwitze.

Ich schaue hoch zum Firmament,
und warte auf die Dunkelheit,
wenn es dann abkühlt, vehement,
geh ich ins Haus, zum Schlaf bereit.

Mal campen gehen

Man sollte auch mal campen gehen,
um mit der Sonne aufzustehen,
dann beginnt der Tag ereignisreich,
mit Froschgequake im nahen Teich.

Hinzu kommt lautes Kinderlachen,
weil die früh morgens Blödsinn machen,
und mittags dann, aus Campers Küche,
verbreiten sich die Fleischgerüche.

Abends hört man zum Gitarrenklang,
auch noch wunderschönen Chorgesang,
jeder Camper genießt diese Zeit,
weil sie von vielen Lasten befreit.

Ein Lagerfeuer wird noch entfacht,
das dann lodert bis tief in die Nacht,
erst bei vollem Mond und Sternenschein,
kehrt langsam - völlige Ruhe ein.

In so circa fünfzig Jahr´

Ab heut, in so circa fünfzig Jahr´,
hat sich in Deutschland viel verändert,
das alte Klima ist nicht mehr da,
und sprachlich wird kaum noch gegendert.

E-Fahrzeuge gibt es auch nicht mehr,
Wasserstoff treibt jetzt Motoren an,
die Benzin und Dieseltanks sind leer,
den Solarantrieb erneuert man.

Und neben Linden an den Straßen,
gedeihen große Dattelpalmen,
Kraftfahrzeuge gibt's zwar in Massen,
doch nicht ein einziges darf qualmen.

Drohnen bringen Pakete ins Haus,
der Brief wird per Rohrpost zugestellt,
Raumtaxis fliegen ins All hinaus,
Menschen bewundern so, uns´re Welt.

Vieles könnte ich noch erzählen,
von dem, was in fünfzig Jahren ist,
doch ich will niemanden hier quälen,
mit meinen Prognosen – meinem Mist.

Sommerzeit - Urlaubszeit

Hurra, nun ist es wieder so weit,
wir sind voll drin, in der Sommerzeit,
Menschen gehen wieder auf Reisen,
manche wollen die Welt umkreisen.

Andere sitzen voller Bange,
in einer langen Autoschlange,
und sind sie am Ziel ankommen,
fühlen sie sich platt und benommen.

Trotzdem wollen sie schwimmen gehen,
oder faul an der Küste stehen,
über andere Menschen lachen,
oder einen Spaziergang machen.

Vielleicht auch neue Freunde finden,
sie etwas näher an sich binden,
mit deren Kinder Sandburgen bau ‘n,
und in die strahlenden Augen schau ‘n.

Solch ein Urlaub ist meist wunderschön,
leider wird er schnell vorüber geh ‘n,
das Vergnügen ist im Nu vorbei,
auf der Heimfahrt - Urlaubsschwärmerei.

Und ist das Zuhause dann erreicht,
fällt der Alltagstrott schnell wieder leicht,
im altbewährten Ruhehafen,
wird erst mal richtig – ausgeschlafen.

Bald gibt’s Regen

Sonnenschein schon mehr als sechs Wochen,
und die Temperatur steigt extrem,
zig Asphaltstraßen sind am Kochen,
dieser Sommer ist nicht angenehm.

Dicker Schweiß rinnt aus allen Poren,
und das Herz schlägt bis zum Hals hinauf,
hauptsächlich trifft es die Senioren,
sie kommen kaum noch die Treppen rauf.

Und auch der Wildbach, der sonst rauschte,
schleicht nur noch als Rinnsal so dahin,
selbst der Reiher, der am Ufer lauschte,
sieht in seinem Lauern keinen Sinn.

Auch Wetterexperten sorgen sich,
denn sie finden nirgendwo ein Tief,
die Vorhersagen sind zwar fachlich,
doch leider gehen die meisten schief.

Selbst im TV die Wetterkarten,
werden präsentiert von Strategen,
sie lassen Wolken ständig starten,
und prophezeien - bald gibt´s Regen.

Von "OBEN" vorbestimmt

Dein Dasein hast du niemals bestellt,
es hat sich einfach zu dir gesellt,
niemand sucht sich sein Leben aus,
sei clever und mach trotzdem was draus,

Gibt´s auch Tage voller Leid und Pein,
du wirst niemals ein Anderer sein.
vergiss das "Wenn" und "Aber", gib Ruh,
ein andrer wär liebend gern wie du.

So schnell das Leben einst begonnen,
genauso schnell ist es verronnen,
nichts, gar nichts kannst du für dich ordern
und ebenfalls nichts, gar nichts fordern.

Auch wenn du laut schreist: „Ich will, ich will",
niemand hört dich, drum bleib besser still,
was man im Leben dir gibt und nimmt,
wurde längst von "oben" vorbestimmt.

Leckerbissen

Bananen sind gelblich und leicht krumm,
kein Mensch will wissen – weshalb, warum,
sie werden geliebt von jung und alt,
gegessen werden sie meistens kalt.

In vielen Ländern unterdessen,
werden sie auch gekocht gegessen,
denn sie sind gesund für Herz und Darm,.
und vom Preis her, machen sie nicht arm.

Vielfach werden sie als Saft serviert,
gern auch mit Schoko-Creme verziert,
zum Bananeneis, richtig frischem,
lässt sich auch andres Obst beimischen.

Den Obstkuchen belegt man gern damit,
gerne isst man auch Bananensplit,
doch das Wichtigste, man sollt´s wissen,
Bananen sind stets – Leckerbissen.

Der Distelfink

Am Waldrand nah einer Wiese,
flattert ein bunter Distelfink,
in des Westwinds frischer Brise,
fühlt er sich mächtig wie ein King.

Er liebt Disteln und auch Kletten,
labt sich gern an deren Samen,
mit seinem Gesang, dem netten,
fällt er völlig aus dem Rahmen.

Sein Nest baut er oben im Baum,
schaut von dort auf die ganze Welt,
oft bin ich bei ihm im Traum,
und betrachte das Himmelszelt.

Kann auch die Erde genießen,
bin erstaunt vom Wachstumsprozess,
sehe viele Pflanzen sprießen,
und vergesse - den Alltagsstress.

Gestern

Die Sonne stahlte heiß und grell,
Blüten zeigte das Blumenbeet,
der Himmel lachte in Pastell,
und ich sah, wie die Welt sich dreht.

Kurz darauf brach die Nacht herein,
Sterne glänzten am Firmament,
auch der Mond gab sein Stelldichein,
sehr langsam, aber konsequent.

Und so vergingen die Stunden,
mich überkam die Müdigkeit,
dieses GESTERN heilte Wunden,
heute spür ich – Zufriedenheit.

Abendgruß

Die Sonne schickt ihren Abendgruß,
man kann ihn am Horizont sehen,
dieser Anblick ist ein Hochgenuss,
mit einem Wort gesagt - wunderschön.

Schnell färbt sich der Himmel blutrot ein,
zeigt den Weg Richtung Ruhehafen,
die Dunkelheit setzt kurz darauf ein,
empfiehlt Mensch und Getier, zu schlafen.

Dann ist sie da, die finstere Nacht,
in der weit draußen Sterne stehen,
auch der Mond in seiner vollen Pracht,
ist bei seinem Rundgang zu sehen.

Kurzes Unwetter

Dunkle Wolken türmen sich zuhauf,
die Luft ist energiegeladen,
am Himmel gehen die Schleusen auf
und der Westwind heult Serenaden.

Einzelne Blitze zucken recht grell,
Donnergrollen wird zunehmend laut,
ganz unerwartet und rasend schnell,
hat sich etwas zusammenbraut.

Zehn Minuten dauert das Toben,
dann ist das Szenario vorbei,
hell und heller wird es hoch oben,
ruckzuck ist der Himmel wolkenfrei.

Alle Pflanzen wurden gegossen,
und es kostete nicht einen Cent,
jetzt zeigt sich wieder unverdrossen,
die Sonne - kraftvoll am Firmament.

Sternenklare Nacht

Es ist eine traumhafte Nacht,
Sterne funkeln wie eh und je,
der Mond steht da, in voller Pracht,
ein Bildnis, das ich gerne seh.

Warme, milde Luft umfließt mich,
vertreibt die innere Unruh,
dieser Moment, so meine ich,
deckt den grauen Alltagstopf zu.

Ein Glücksgefühl wird in mir wach,
und macht mir in Sekunden klar,
solch ein leuchtendes Sternendach,
stellt ein Geborgenheitszelt dar.

Lang noch blicke ich nach oben,
durchdenke die himmlische Macht,
die uns Menschen gut gewogen,
und vom Schöpfer – bestens durchdacht.

Wenn plötzlich ein Vorhang fällt

Wenn vor dir plötzlich ein Vorhang fällt,
und dein Umfeld von dir Abstand hält,
wenn keiner dich so richtig vermisst,
und du auch den Nachbarn nicht mehr siehst,
wenn dein Misstrauen ständig steigt,
und dein Finger nur auf andere zeigt,
du willst keinen Kontakt mehr führen,
aus Angst den Falschen zu berühren,
du hast Freunde ins Abseits gestellt,
weil dir meist deren Handeln missfällt,
hast eventuell den Weg verpasst,
auf dem man sich liebt und nicht nur hasst.

Hast du nirgends Hilfe gefunden,
ist deine Menschlichkeit verschwunden?

Dann dreh dich um hundertachtzig Grad,
geh entlang, auf dem richtigen Pfad,
werd wieder der, der du wirklich bist,
dann wirst du geliebt und nicht vermisst,
der Vorhang geht plötzlich wieder auf,
dein Leben – nimmt den normalen Lauf.

Die Raupe

Die Raupe ist ein schönes Tier,
sie hat in Sträuchern ihr Revier,
frisst dort saftig grüne Blätter
und wird immer, immer fetter.

Und wenn sie kaum noch kriechen kann,
fängt sie im Nu das Weben an,
webt sich 'nen eigenen Kokon,
der aussieht wie ein Stück Beton.

Darin ruht sie gut drei Wochen,
dann beginnt sie stark zu pochen,
reißt den Kokon ruckartig auf
und ändert ihren Lebenslauf.

Dann nach viel ruckeln und biegen,
lässt sie ihren Körper liegen,
was soll sie mit dem alten Ding,
denn jetzt ist sie – ein Schmetterling.

Das Leben kann so vieles

Das Leben kann so vieles geben,
drum schau doch einfach mal richtig hin,
man kann es sich kunterbunt weben,
das ist auch sicher der Lebenssinn.

Stets Gutes tun, nach vorne schauen,
recht freundlich sein und herzhaft lachen,
täglich etwas in sich aufbauen,
immer das Beste aus sich machen.

Ob alles gelingt, das weiß man nicht,
es liegt auch nicht in unsren Händen,
denn wer aufrecht geht, mit Zuversicht,
dem wird der Herrgott – Gutes senden.

Tage gibt´s

Tage gibt's, an denen nichts geht,
weil irgendwas im Wege steht,
und diese furchtbar miese Zeit,
empfindet man, als Ewigkeit.

Doch es ist klar, niemand ist schuld,
man braucht nur Ruhe und Geduld,
solch Wirrnis hat keine Eile,
schleicht davon, nach einer Weile.

So manch Kummer, Weh und auch Plag,
verschwindet schon am nächsten Tag,
nur bei einem Nichtverdränger,
dauert diese Pein meist länger.

Doch alles geht einmal vorbei,
man fühlt sich wieder völlig frei,
nichts mehr da, das im Wege steht,
man spürt, wie´s wieder aufwärts geht.

Die Traurigkeit

Ein Mensch, der die Traurigkeit kennt,
wünscht sich gewiss auch etwas Glück,
doch bei so mancher Traurigkeit,
denkt er, an Erlebtes zurück.

Dann versteht er viele Dinge,
begreift auch so einiges mehr,
hofft, dass diese scharfe Klinge,
keinen Weg findet, zur Rückkehr.

Die Zeit, die ihn traurig machte,
und stets neuen Kummer gebar,
als er weinte und nicht dachte,
das die Welt jäh wieder, wird klar.

Da war er oft unzufrieden,
mit seinem eigenen Geschick,
trotzdem hat er´s nicht gemieden,
damals hatte es Sinn und Zweck.

Heut weiß er vieles zu schätzen,
was einst Selbstverständlichkeit,
drum wird die Zeit ihn nun hetzen,
bis er zum Lernen, ist bereit.

Geht´s auch dann manchmal nicht weiter,
und liegt im Weg ein großer Stein,
denkt er laut, fröhlich und heiter:
„Es könnte schließlich - schlimmer sein!"

Wahre Freundschaft

Es ist sehr schön, dass wir uns kennen,
drum will ich Dich auch Freundin nennen,
zwar sehen wir uns nicht jeden Tag,
trotzdem ist es klar, dass ich Dich mag.

Was uns verbindet seit langer Zeit,
ist die Kraft und die Beständigkeit,
Probleme die es gab, sind nichtig,
mit einem Wort gesagt, unwichtig.

Hochs und Tiefs können wir ertragen,
wir halten gar nichts von versagen,
denn wer ehrlich zueinander ist,
der bewältigt selbst des Teufels List.

Auch wenn wir eigne Wege gehen,
wir werden zueinander stehen,
und blicken sicher gerne zurück,
an das gemeinsam - erlebte Glück.

Ein Horoskop

Für viele ist ein Horoskop nichts wert,
es wird gelesen, nur zum Zeitvertreib,
ein Ding, das man halt liest, aber nicht ehrt,
weil es gewiss nicht passt, zu jedem Leib.

Doch sanft gelesen ist es ein Genuss,
der das Gedankengut in Wallung bringt,
und zärtlich ist, so wie ein sanfter Kuss,
der tief ins Herz und in die Seele dringt.

Ein Horoskop regt auch zum Denken an,
es fördert die Hoffnung, senkt den Verdruss,
ist etwas, woran man sich halten kann,
eben etwas - das man auch lieben muss.

Naturgewalt Hochwasser

Naturgewalt hat uns im Griff,
zeigt uns klar, wie hilflos wir sind,
weit und breit kein rettendes Schiff,
Hab und Gut nimmt die Flut geschwind.

Kein arm, kein reich, es zählt was ist,
alle Menschen sind plötzlich gleich,
ein Nachbar, der Tage vermisst,
fand Zuflucht im Stalldachbereich.

In der Not rückt man zusammen,
jeder steht für den Andern ein,
Fremde, die stets einsam schwammen,
müssen ganz plötzlich Freunde sein.

Es mahnt deshalb das Hochwasser,
wie klein und schwach wir alle sind,
und wird's in Zukunft noch krasser,
Mitmensch – bitte werde nicht blind.

Der Traum mahnt zur Vorsicht

Die Nacht ist voller bunter Träume,
sie schafft viel Raum für Fantasien,
in diese ausgeschmückten Räume,
zieht es mich im Schlafe immer hin.

Besonders oft träum ich von Dingen,
die bestimmt nicht realistisch sind,
dann fliege ich mit großen Schwingen,
und lass mich tragen vom lauen Wind.

Fliege frei und völlig unbeschwert,
vergesse gänzlich meine Sorgen,
lande zielgenau und unversehrt,
in meinem Bett, am frühen Morgen.

Doch manchmal ist es völlig anders,
wenn ich im Tiefschlaf angeln gehe,
und in dem Kopfe eines Zanders,
die Reißzähne vom Löwen sehe.

Solch Träume habe ich noch viele,
denke drüber nach im Morgenlicht,
ändere Pläne und auch Ziele,
weil man sagt – der Traum mahnt zur Vorsicht.

Freundschaft und Liebe

Freundschaft, Liebe, zwei Dinge im Leben,
beiden sollten wir Platz darin geben,
doch die Liebe, selbstsüchtiger Weise,
will die Freundschaft vertreiben, ganz leise.

Sie denkt, ich bin da, das hat zu reichen,
deshalb, liebe Freundschaft, musst du weichen,
doch die Freundschaft, selbstsüchtiger Weise,
will auch die Liebe vertreiben, ganz leise,
was stets so war, soll auch künftig bleiben,
da muss sich keine Liebe rumtreiben.

Solch Machtkampf misslingt, das liegt auf der Hand,
denn damit rennen beide, gegen die Wand,
drum sollte jeder sich hinters Ohr schreiben:
Wahre Liebe und ehrliche Freundschaft,
werden Kampfgedanken – stets vertreiben.

Die Luft und das Meer

Stille kommt in seichten Wogen,
mit jedem Schritt, den man hier geht,
Sorgen, die mich stark durchzogen,
sie sind jetzt fort, vom Wind verweht.

Ich ziehe meine Schuhe aus,
sie passen hier nun mal nicht her,
mit jedem Meter den ich lauf,
fühl ich mich leichter, immer mehr.

Der Mond strahlt zur Wasserfläche,
zaghaft säuselt ein leichter Wind,
Sterne funkeln ohne Schwäche,
Wellen sind auf Ruhe gedimmt.

Hier vergess ich meine Sorgen,
spür nur noch die Luft und das Meer,
fühle mich frei und geborgen,
denn ich weiß - hier gehör ich her.

Auf Sichtweite

Vom hohen Berge ist der Blick,
auf diese Welt besonders chic,
deshalb gehst du froh und heiter,
deinen Weg zielstrebig weiter.

Nur wer sich genügend schindet,
auch den Weg zum Gipfel findet,
ganz gleich ist es, wie breit der Pfad,
zum Ziel ist es ein schmaler Grat.

Endlich geschafft, denkst du spontan,
doch was fang ich hier oben an,
du kannst den Ausblick genießen,
und darfst nun Neues beschließen.

Doch oben ist die Luft sehr dünn,
du überlegst und denkst - wohin,
zurückgehen wäre gescheit,
hoch oben herrscht nur Einsamkeit.

Drum behältst du den Überblick,
und kehrst vom Gipfel schnell zurück,
denkst wie schon andre Gescheite:
„Besser leb man – auf Sichtweite“.

Benzin und Diesel

Der Benzinpreis steigt fast täglich,
das ist schlimm und nervt aktuell,
die Summen sind unerträglich,
sei´s nun bei Aral oder Shell.

Und muss man dort Diesel kaufen,
kräuseln sich die Nackenhaare,
drum heißt die Devise - “laufen“,
und stehen lassen, die Karre.

Doch Autos sind nun mal wichtig,
für Menschen, die jeden Tag fahr´n,
Bus und Bahn sind Null und nichtig,
weil dort niemals passt – der Fahrplan.

Zeigt Liebe

Gestern besah ich mir die Sterne,
und empfand ihr Funkeln traumhaft schön,
eine Stimme kam aus der Ferne,
sprach sehr leise, war kaum zu versteh´n.

„Schau doch bitte ganz genau mal hin,
sag, was erblickst du dort hoch oben,
dort in der Milchstraße, mittendrin,
siehst du, wie dort die Götter toben?“

„Der Gott der Liebe ist verloren,
und er wird sicherlich bald sterben,
obwohl er einst mit Stolz geschworen,
ew´ge Liebe, dem Mensch auf Erden.“

„Der Eid wurde von euch gebrochen,
eure Gefühle sind äußert kalt,
ein Dolch hat Amors Herz durchstochen,
denn auf Erden herrscht zu viel Gewalt!“

Dann besah ich wieder die Sterne,
und der Himmel wurde feuerrot,
die Stimme rief aus weiter Ferne:
„Zeigt Liebe, sonst ist Amor – für immer tot!“

Starte ein neues Leben

Oftmals hast du das Gefühl, dass du zerbrichst,
siehst am Ende des Tunnels keinerlei Licht,
dann denke an Menschen in deinem Leben,
die dir deine Fehler, haben vergeben.

Sicher sind´s nicht viele in deinem Umfeld,
nur die, für die du alles bist auf der Welt,
sie werden auch weiter hinter dir stehen,
dir Kraft geben und immer mit dir gehen.

Drum schau nicht zurück, schau nur in die Zukunft,
weil das der Weg ist, Richtung Licht und Vernunft,
denn möchtest du Spaß und Freude erleben,
dann wird dir auch Optimismus gegeben.

Versenke die Vergangenheit, tief im See,
starte ein neues Leben, mit einer Idee,
eine die dich bestärkt und vergessen lässt,
was war und was dich tagtäglich hat - gestresst.

Lebenssinn

Viel hat dir das Leben gegeben,
schau doch einfach mal richtig hin,
es lässt sich auch noch bunter weben,
und vielleicht, ist das sogar der Sinn.

Stets Gutes tun, nach vorne schauen,
und möglichst, so oft es geht, lachen,
die Persönlichkeit noch ausbauen,
das solltest du tagtäglich machen.

Ob dieses gelingt, man weiß es nicht,
das Leben liegt in Gottes Händen,
statt zu klagen, zeig klar dein Gesicht,
dann wird auch das Schicksal - sich wenden.

Falschspieler

So manch ein Hausbewohner schielt,
wenn Nachbars Kind laut Flöte spielt,
und spielt er falsch das "Hänschen klein"
dann hört man Hund und Katze schrei'n.

Ähnlich geht's mit den Trompeten,
wenn sie tönen auf den Feten,
denn auch dort bleibt nur zu hoffen,
dass nicht der falsche Ton getroffen.

Zupft der Star falsch die Gitarre,
greift sicher niemand zur Knarre,
nur die Sängerin wird zum Tier,
dringen falsche Töne hin zu ihr.

Will man musikalisch toben,
sollte man im Keller proben,
und wird man dann zum großen Star,
wird's auch honoriert – und zwar in Bar.

Es gibt Dinge

Es gibt Dinge, die nicht wichtig sind,
darum kriechen Schnecken nie geschwind,
und es wird auch kein Fisch dieser Welt,
hoch hinaus fliegen zum Himmelszelt.

Doch dafür gibt es and´re Sachen,
die vielfach die Regenten machen,
da gibt es zum Beispiel Krieg und Tod,
und außerdem global, Leid und Not.

Verbrechen gibt's fast an jedem Ort,
manchmal endet so etwas mit Mord,
Menschen kommen auf die schiefe Bahn,
weil man ihnen zudreht, den Geldhahn.

Diebstahl, Raub, sogar Geiselnahmen,
die Täter kennen kein Erbarmen,
Verbrechen werden niemals enden,
dies Blatt wird sich so schnell nicht wenden.

Drum gibt's auch Dinge die wichtig sind,
die wir lernen sollten, unserm Kind,
mit Liebe, Güte, Zusammenhalt,
wird der Mensch – friedsam und glücklich alt.

Vernunft und Nächstenliebe

Benötigen wir ständig Wachstum,
immer mehr Leistung und Finanzen,
sind wir nur ein dummes Publikum,
das dient, den Großen und den Bonzen?

Kriegen Regenten den Hals nicht voll,
wollen sie das Volk nur ausbeuten,
ist ihnen egal, des Bürgers Groll,
obwohl schon die Kriegsglocken läuten?

Wie es geht, wenn man als Großer lebt,
und all das Kleine stets missachtet,
dann kommt´s, wie´s die Saurier erlebt,
man wird ganz schnell ins Aus verfrachtet.

Drum seht euch die Historie an,
nur durch Verhandlung gab es Siege,
heute kommt hinzu ein Zweigespann,
namens - Vernunft und Nächstenliebe.

Ein Wort

Ein Wort ist uns allen bekannt,
doch wird's nur selten angewandt,
weshalb, warum ist schleierhaft,
obwohl es vieles besser macht.

Dieses Wort ist einfach und schlicht,
verzaubert so manches Gesicht,
besteht nur aus fünf Buchstaben,
ist auch für Geld nicht zu haben.

Ein Jeder hört das Wort sehr gern,
ob er nun Nah ist oder Fern,
verlangt man nach dem Zauberwort,
bekommt man ein "Bitte" sofort.

Am schönen alten Weiher

An dem schönen alten Weiher,
ist längst schon Ruhe eingekehrt,
dort, wo einst noch graue Reiher,
von Fischen haben sich ernährt.

Und dort bei den alten Eiben,
lagen Decken und Spielsachen,
es herrschte ein wildes Treiben,
Kinder hörte man laut lachen.

Im braunen Riedgras nebenan,
liegt ein fast verrottetes Boot,
der Besitzer half stets spontan,
wenn Badegäste war´n in Not.

Der Weiher bleibt Erinnerung,
gehört jetzt zur Vergangenheit,
nur Schilf und Riedgraswucherung,
werden bleiben – noch lange Zeit.

Wir sollten ...

Wir sollten uns in Frieden üben,
endlich einander verzeihen,
alle Menschen auf Erden lieben,
und uns nicht weiter entzweien.

Wir sollten einander achten,
ständig zueinander stehen,
und die, die einst anders dachten,
mit strahlendem Herzen sehen.

Wir sollten uns reich beschenken,
mit Worten und auch mit Taten,
niemals den Mitmenschen kränken,
sondern ihm Gutes anraten.

Wir sollten uns stets mitteilen,
und über die Wahrheit reden,
die uralten Wunden heilen,
und wieder im Heute leben.

Wir sollten uns oft umarmen,
und vielfach reichen die Hände,
auch dem Schwachen uns erbarmen,
ihm helfen mit einer Spende.

Wir sollten schleunigst vergessen,
die Bosheit, Gier, Hass und Neid,
uns auch nicht an Reichtum messen,
denn damit – vergeuden wir nur Zeit.

Mal essen gehen

Mal essen gehen, das ist fein,
es sollen heut drei Gänge sein,
Steak, Röstzwiebel und Pilze dran,
ein Festessen für mich als Mann.

„Bitte medium“, sage ich,
„denn blutig, das vertrag ich nicht.“
Der Kellner meint: „Ganz sicher doch,
ich geb es weiter an den Koch.“

Die Vorspeise macht schon fast satt,
ich fühle mich bereits ganz matt,
doch dann wird der Hauptgang serviert,
mein Steak ist mit Pilzen garniert.

Das Steakmesser ist richtig scharf,
ich ess den Teller leer, ganz brav,
meine Miene wird noch heller,
denn es kommt, der Dessert-Teller.

Ich liebe Schoko-Kirsch-Trifle,
genieße es, bevor ich geh,
am Ausgang bleib ich kurz noch steh´n,
sag laut: „War gut – auf Wiederseh´n !“

Denk lieber - es wird alles gut

Erhalte deine Heiterkeit,
dein Lächeln und den frohen Mut,
und plagt dich nicht mit Bitterkeit,
denk lieber – es wird alles gut.

Musst du dich im Alltag plagen,
stößt dir so mancher Kummer auf,
fang nicht an "warum" zu fragen,
dreh dich nur um und pfeife drauf.

Besser ist es zu bedenken,
ein einz´ges Leben hast du nur,
kein Zweites wird man dir schenken,
sie rennt zu schnell, die Lebensuhr.

Deshalb denke nicht an Morgen,
es ist zu spät, denk an die Worte,
aus und vorbei sind alle Sorgen,
stehst du erst - vor der Himmelspforte.

Eine Flamme bin ich

Eine Flamme bin ich, lösch mich nicht,
ich spende Wärme und gebe Licht,
viel, viel schöner als im Märchenland,
werfe ich Lichterglanz an die Wand,
doch noch viel heller als auf Kerzen,
leuchte ich gern in deinem Herzen.

Drum lass mich brennen und lösch mich nicht,
mein Schein erhellt auch dein Angesicht,
komm zu mir und reich mir deine Hand,
ich führe dich in ein neues Land,
dort brauche ich dich und auch dein Licht,
denn ohne dich - seh ich nicht mal mich.

Der Wonnemonat Mai beginnt

Weiß und lila blüht der Flieder,
Schmetterlinge tanzen im Wind,
Vögel singen ihre Lieder,
der Wonnemonat Mai beginnt.

Die Sonne scheint in voller Pracht,
Wolken verziehen sich geschwind,
fast sternenklar ist es bei Nacht,
der Wonnemonat Mai beginnt.

Auch Gewässer sind zu nennen,
die voll mit neuem Leben sind,
allgemein ist zu erkennen,
der Wonnemonat Mai beginnt.

Auf einer Lichtung

Auf einer Lichtung zwischen Birken,
lass ich die Natur auf mich wirken,
Amsel und Lerche singen ihr Lied,
dazu hämmert ein Buntspecht ganz lieb.

Schmetterlinge tanzen im Reigen,
Grillen zirpen auf ihren Geigen,
Bienen summen im saftigen Gras,
Maikäfer haben im Blattwerk Spaß.

Ameisen laufen auf ihrem Pfad,
obwohl dort eine Wühlmaus rumscharrt,
´ne kleine Eidechse verschwindet,
weil eine Blindschleiche sich windet.

Diese kleinen Dinge im Leben,
kann nur Mutter Natur uns geben,
man muss nur kurz die Augen schließen,
und das Dasein - bewusst genießen.

Frühling verändert die Welt

Der trübe Winter verging recht schnell,
jetzt strahlt der Frühling zauberhaft hell,
es ist so schön, dass die Sonne scheint,
und der Himmel nicht mehr ständig weint.

Die Blütenpracht erscheint ganz leise,
Schmetterlinge flattern im Kreise,
und in Gärten wird jeder Obstbaum,
zu einem einzigartigen Traum.

Abends wenn die Vögel verstummen,
hört man immer noch Bienen summen,
und überall im Wald und im Feld,
verändert der Frühling – diese Welt.

Frühlingstag

Blutrot steigt die Sonne empor,
vertreibt letzte Nebelschleier,
von fern tönt leis' ein Vogelchor,
Wildenten schnattern am Weiher.

Ein frischer Wind weht übers Land,
spielt ganz sacht mit Laubbaumzweigen,
auf warmem Asphalt tanzt der Sand,
einen flotten Frühjahrsreigen.

Der silbergraue Morgentau,
glitzert kühl vom Gras der Wiese,
es schwindet schon das letzte Grau,
Sonne schein, heißt die Devise.

Betörend süßer Blumenduft,
lockt Schmetterling und Biene an,
die stets wärmer werdende Luft,
sorgt auch beim Menschen für Elan.

So nimmt der Tag nun seinen Lauf,
verkündet stets die Frühlingszeit,
im Juni hört er damit auf,
denn dann - macht sich der Sommer breit.

Das allerschönste Gesicht

Du hast das allerschönste Gesicht,
die Menschheit ist von dir begeistert,
täglich spendest du Wärme und Licht,
nur du bist es, die alles meistert.

Jeder Mensch auf Erden liebt dich sehr,
dein Freund ist das blaue Firmament,
du schaust immer so freundlich daher,
bestrahlst selbst das kleinste Element.

Du scheinst zu allen Jahreszeiten,
auch wenn die Wolken vor dir schweben,
doch Eines lässt sich nicht bestreiten,
Sonne, ohne dich – gäb´s hier kein Leben.

Das Leben ist ...

Das Leben ist oftmals kompliziert,
auch wenn nichts, oder wenig passiert,
man lacht und leidet so vor sich hin,
und sucht nach dem wahren Lebenssinn.

Mal ist man froh, mal ist man traurig,
und manchmal ist es richtig schaurig,
dann überlegt man sich im Stillen,
ob man sie schluckt, vom Arzt die Pillen.

Dies Auf und Ab, ist ´ne Achterbahn,
die auch führen kann, bis hin zum Wahn,
drum darf man nicht vergessen den Satz:
„Das Leben ist wie - ein Rummelplatz“.

Bei Vollmond in Ostfriesland

Bei Vollmond schillert das Meer recht bleich,
die Seepferdchen galoppier´n über´n Deich,
werden von den Seehunden angebellt,
bis sie sich in Reih und Glied aufgestellt.

Das Seegras bewegt sich geschmeidig leicht,
wenn ein Seewolfsrudel durch´s Wasser schleicht,
und wenn ein Schlangenstern das Meer erhellt,
schauen die Heringe zum Himmelszelt.

Nur Plattfische wirken etwas betreten,
wenn Nonnengänse am Ufer beten,
und wenn der Wattwurm aus dem Schlick hochschnellt,
dann betrachten Hummer die Sandstrandwelt.

Dort wird in Mengen Treibgut angeschwemmt,
das dem Wasser ständig die Wellen kämmt,
und die Brandung mächtig im Zaume hält,
damit sie ganz langsam dem Schlaf verfällt.

Drum muss man Ostfriesland bei Vollmond seh´n,
stundenlang gemütlich am Strand lang geh´n,
tief versinken in diese Wunderwelt,
die klar zur Rubrik "Einzigartig" zählt.

Meine Fantasie

Ständig nutze ich meine Fantasie,
weil ich kaum schreiben könnte, ohne sie,
nichts könnt´ ich auf Papier hinterlassen,
würden´s die Hirnzellen nicht erfassen.

Drum verwend´ ich den Dichter-Denkerstift,
schreibe auf, was auf meine Sinne trifft,
ändere es und schreibe es erneut,
so lange, bis es meinen Geist erfreut.

Die allerbesten Worte meiner Wahl,
die ich seit jeher aus dem Alltag stahl,
die findet man in meinen Gedichten,
oftmals auch in meinen Kurzgeschichten.

Stets benutze ich die Geschehnisflut,
schreib alles auf, was sich im Leben tut,
betrachte die Welt in Form und Farbe,
kredenz´ es Lesern – als kleine Gabe.

Ein Blitz

Etwas Helles zieht um die Welt,
ein Blitz, der alles Sein verbindet,
der Tag und Nacht ständig erhellt,
den Zugang in alle Herzen findet.

Er leuchtet seit ewiger Zeit,
und zeigt stets den Weg Richtung Glück,
bringt auch in alle Ewigkeit,
die Hoffnung und den Mut zurück.

Dieser Blitz ist die Liebe pur,
sowie Ursprung für das Leben,
er ist Mutter der Weltnatur,
ihn wird es alle Zeit geben.

Lass dich leiten von seinem Licht,
dann wird er dein Herz erfüllen,
geh mit ihm und zögere nicht,
er wird deine Sehnsucht stillen.

Richtung Steinzeit

Wovor es mir heute wirklich graut,
ist zur Winterzeit, ein E-Blackout,
überall gehen die Lichter aus,
Energie fehlt dann in jedem Haus.

Weder Kühlschrank noch Heizung laufen,
mit Karte ist nichts einzukaufen,
alle E-Fahrzeuge bleiben steh´n,
ohne Strom wird sich kein Rad mehr dreh´n.

Der Elektrowahn nimmt seinen Lauf,
keiner der Regierenden wacht auf,
erst wenn nichts mehr fährt und alles steht,
ist klar, dass es nun - Richtung Steinzeit geht.

Nicht zu alt

Die Nacht bricht so plötzlich herein,
ich muss nach Haus, trotz Finsternis,
der Weg ist weit, ich bin allein,
doch das ist heut kein Hindernis.

Laternen leuchten, spenden Licht,
sind fast so hell wie Sonnenschein,
der kühle Wind, er stört mich nicht,
heut soll er mein Begleiter sein.

Drum gehe ich mit schnellem Schritt,
durch den wunderschönen Stadtwald,
fühl mich für den Fußmarsch noch fit,
und trotz grauem Haar - nicht zu alt.

Der Herbst malt schon

Der Herbst hat heute schon gemalt,
ein Bild mit traumhaften Farben,
die Sonne hat heftig gestrahlt,
hinterlies schon kleine Narben.

Nur der Herbst malt diese Farben,
färbt die Natur gelb, rot und braun,
lauthals schreien dazu Raben,
schenken der Herbstzeit Vertrauen.

So manch ein Ast streckt sich empor,
als wollt er die Sternen greifen,
gelbe Blätter singen im Chor,
und die Weintrauben, sie reifen.

Die Herbstzeit zieht jetzt schnell heran,
sie will Mensch und Tier berauschen,
jeder, der´s miterleben kann,
will mit keiner Jahreszeit - tauschen.

Frohsinn ist mein Begleiter

Wenn ich im Park spazieren gehe,
in Gesichter der Menschen sehe,
und ihre Mienen richtig versteh,
dann tut es mir in der Seele weh.

Ihre Blicke sind müde und leer,
als gäb´s überhaupt kein Lächeln mehr,
diese Geste scheint offenbar schwer,
die Freundlichkeit vermisse ich sehr.

Drum versuche ich einfach mein Glück,
lächle hin - und bekomm es zurück,
es ist so, als ob ich Blumen pflück,
eine nach der Andern, Stück für Stück.

Ein paar Menschen stimme ich heiter,
gehe im Park gut gelaunt weiter,
auch mein eig´nes Lächeln wird breiter,
denn der Frohsinn – ist mein Begleiter.

Herbstfarben

Der Herbst hat wunderbar gemalt,
ein Bild mit zig bunten Farben,
die Sonne hat sehr grell gestrahlt,
verdeckte so, Herbstzeitnarben.

Nur der Herbst hat diese Farben,
Gelb, Orange und rostig Braun,
er bringt jährlich diese Gaben,
und schenkt der Erde bunten Saum.

So mancher Ast streckt sich empor,
als wollt er die Sterne greifen,
dazu singen Blätter im Chor,
und der Tag lässt Farben reifen.

Mit leisem Schritt geh ich voran,
lass meine Sinne berauschen,
auch der Herbstwind tut was er kann,
und lässt mich - lange Zeit lauschen.

Oktobertage

Der Nebel will heut nicht steigen,
der Himmel sein Blau nicht zeigen,
kleine Tröpfchen nässen die Luft,
durchs Land schleicht leichter Moderduft.

Mensch und Tier dürfen sich laben,
an den herbstlich bunten Farben,
ständig deckt Laub die Erde zu,
Bäume haben bald Winterruh.

Der Oktober muss trotz Plagen,
sein buntes Geschmeide tragen,
doch immer mehr wirkt er bedrückt,
weil der November näher rückt.

Einmal noch den Glanz genießen,
mit dem Licht der Sonne fließen,
bevor dieser Schmuddelmonat,
mit Kälte, Schnee und Hagel naht.

Sauwetter

Regen kommt in Strömen runter,
Wind rüttelt die kahlen Bäume,
das Damwild steht durchnässt drunter,
findet nirgends trocknen Räume.

Klatschnass ist alles was da kreucht,
das Wasser rinnt auf Pfad und Stein,
auch meine Kleidung ist schon feucht,
mein Hund will schnell ins Haus hinein.

Und auf dem Teich ein Entenpaar,
sitzt einsam und betrübt am Rand,
auch ich mach mich jetzt langsam rar,
dies Sauwetter – ist eine Schand.

Wenn Nebel ...

Wenn Nebel durch die Landschaft wallt,
sich fest in Busch und Äste krallt,
dort wo sich Geister verstecken,
und Ängste im Menschen wecken.

Wenn der Nebel Zerrbilder webt,
in dessen Schutz ein Luftgeist lebt,
der das ganze Land verschleiert,
und mit zarten Feen feiert.

Wenn diese das Land erfrischen,
mit ´nem Feuchttuch drüber wischen,
dass alles aussieht wie gemalt,
und dann die Sonne darauf strahlt.

Dann ist es wie ein Lebenshauch,
für das Land, Getier und Strauch,
eine Beatmung durch Urkraft,
die überall - Neues erschafft.

Wintersinfonie

Lautlos schweben weiße Flocken,
auf das vom Frost erstarrte Land,
aus der Ferne klingen Glocken,
die Welt ist nun in Winters Hand.

Völlig erstarrt ruht auch der See,
sein Eis hat einen sanften Glanz,
und silbern schillert oft der Schnee,
wenn er herumwirbelt und tanzt.

Kahle Bäume werden bedeckt,
mit diesem hellen Winterkleid,
der Igel hat sich längst versteckt,
schläft tief im Laub zur Winterzeit.

Alles verläuft in Harmonie,
und es ist niemand da der treibt,
drum ist solch´ Wintersinfonie,
eine, die lang im Herzen bleibt.

Mein kleiner Stern

Du schillerst heute Nacht so grell,
bringst Wärme in meine Räume,
mein kleiner Stern, leuchte ganz hell,
führe mich durch schöne Träume.

Schick dein Licht auf diese Erde,
finde mich und bleibe dann hier,
mein kleiner Stern, komm und werde,
nur ein winziger Teil von mir.

Das Laub fällt schon, das Jahr wird alt,
es begräbt auch manchmal Lust,
mein kleiner Stern, mir ist so kalt,
bitte komm und wärm meine Brust.

Dein Dasein ist so begehrlich,
du bist frei und ohne Triebe,
mein kleiner Stern, schütze mich,
vor diesem Herumgeschiebe.

Du eilst rastlos von da nach hier,
scheinst älter als die Welt zu sein,
mein kleiner Stern, bleib doch bei mir,
sonst fühle ich mich – so allein.

Mein Schneemann

Mein Schneemann ist ein richtig toller Fratz,
steht vorm Haus, auf einem verschneiten Platz,
statt Pudelmütze trägt er einen Topf,
und ähnelt so, einem verarmten Tropf.

Mit den Kohlenaugen ist er ein Graus,
doch Kinder meinen, er schaut lustig aus,
die Kartoffelknöpfe auf seinem Bauch,
sind sehr originell und passen auch.

Als Zähne dienen ihm Haselnüsse,
so bekommt er gewiss keine Küsse,
nur des Nachbarn Spitz kläfft ihn wütend an,
diesen kalten Mann, der nicht laufen kann.

Leider ist abends, wo der Schneemann stand,
nur noch eine Pfütze im nassen Sand,
seine Karottennase ist auch weg,
sie liegt einen Meter weiter im Dreck.

Die Knöpfe haben wohl Rehe verzehrt,
mein Schneemann hat sich sicher nicht gewehrt,
ebenfalls im Dreck liegt der alte Topf,
der doch so schön aussah auf seinem Kopf.

Jetzt warte ich auf neue Flockenpracht,
weil ich mir etwas tolles ausgedacht,
einen Schirm bekommt mein neuer Schneemann,
und ´nen Regenmantel zieh ich ihm an,
der lässt dann das Wasser - nicht an ihn ran.

Advent im Supermarkt

Hurra, das vierte Kerzlein brennt,
im Supermarkt ist auch Advent,
ganz ungeniert und ziemlich keck,
liegt dort das süße Zimtgebäck,
die Weihnachtsmänner aus Krokant,
steh´n neben Streu und Vogelsand.

Da gibt es Mandelkern und Nuss,
davor liegt Spekulatius,
und im Regal ganz weit hinten,
sieht man die Aachner Printen,
Glühwein gibt's in dunklen Flaschen,
dazu passend, Weihnachtstaschen.

Doch Häschen hinter den Brezeln,
lassen den Betrachter rätseln,
ob die Geschäftsleut´ jetzt spinnen,
oder ob sie völlig von Sinnen,
oder ob´s ein Versehen war,
sie dort noch steh´n, seit letztem Jahr?

Oder soll es nur allgemein,
für Verbraucher ein Ratschlag sein,
er nicht warten muss bis April,
sondern schon jetzt friedlich und still,
mit Schokohäschen und Eiern,
Ostern – im Advent zu feiern.

Des Jahres letzten Tage

Wenn jetzt, in des Jahres letzten Tage,
leis und mild der Schnee vom Himmel fällt,
dann stellt man sich die bange Frage,
wie´s wohl weiter geht auf dieser Welt.

Gibt es noch Menschen die stets pflegen,
ohne zu zögern und von Herzen,
ihre Hände auf Wunden legen,
bei Personen mit argen Schmerzen.

Wie viel Menschen lässt man einfach steh‘n,
die einsam sind an diesen Tagen,
und wie viel Arme werden überseh´n,
weil sie nicht jammern und nicht klagen.

Es nützt nichts, wenn man Heil verkündet,
in Wahrheit nur an sich selber denkt,
besser wär´s, wenn man sich verbündet,
und gemeinsam - Richtung Zukunft lenkt.

Corona Virus

Ein Virus mit Namen Corona,
gefährlich und unberechenbar,
breitet sich wie ein Unwetter aus,
dehnt sich auf dem ganzen Globus aus.

Es ist winzig, doch auch ein Riese,
und wurde zur - Pandemie-Kriese,
gnadenlos schlägt diese nun um sich,
die Gegenmittel sind bedenklich.

Ist das Virus gar intelligent,
so, wie man es von Andern nicht kennt?
Dann wird es uns ein Stück voraus sein,
und stellt uns immer wieder ein Bein.

Doch wir haben ein Immunsystem,
das sagt: „Dies Virus ist unbequem,
deshalb werde ich es vernichten,
dann kann man auf Impfung – verzichten!“

Shoppen gehen

Ich würd gern mal wieder shopppen,
und von Laden zu Laden zieh´n,
doch vorm Eingang muss ich stoppen,
mir fehlen Impfpass und Termin.

Auch Freunde darf ich nicht treffen,
genommen wird mir jeder Spaß,
darf nicht mal zu meinem Neffen,
ach herrje, Lockdown nennt man das.

Ich war bis heut nicht beim Impfen,
und hab überhaupt keinen Test,
bin aber trotzdem am Schimpfen,
über solch blöden Hausarrest.

Die Zeit vergeht, mir einerlei,
ich weiß nur eins, ich bleib jetzt still,
denn bald ist der Blödsinn vorbei,
und ich kann shoppen – wo ich will.

Grippezeit

Jetzt ist es wieder mal so weit,
im ganzen Land herrscht Grippezeit,
und wer sie hat, diese Grippe,
dem schmerzen Kopf und Gerippe.

Am Morgen trinkt man heißen Tee,
und Mittags isst man nur Püree,
abends gibt es Hühnerbrühe,
Pillen schluckt man nur mit Mühe.

Außerdem in dieser Phase,
drückt ganz fürchterlich die Blase,
geschüttelt wird man von Fieber,
und liegt meist kraftlos danieder.

Die Nase brennt, ist rot und wund,
Fieberblasen zieren den Mund,
zig Taschentücher schnäuzt man voll,
ans Aufsteh´n denkt man nur mit Groll.

Auf die Brust wird Balsam geschmiert,
viel Zitronensaft konsumiert,
das alles lindert, keine Frage,
doch die Grippe nervt, vierzehn Tage.

Ist man die Bazillen dann los,
und fühlt sich wieder ganz famos,
folgt sogleich die nächste Schelle,
man nennt sie – Corona-Welle.

Scharfer Ostwind

Wohin treibt mich der scharfe Ostwind,
in diesen ungewissen Zeiten,
ich fühle mich wie ein schwaches Kind,
werde geschubst von allen Seiten.

Ich geh weder nach links, noch nach rechts,
laufe nicht vor und auch nicht zurück,
doch eine Sehnsucht, die in mir ächzt,
schiebt mich langsam voran, Stück für Stück.

Zur Verzweiflung führt dieser Ostwind,
er führt in unsichere Zeiten,
hilflos wie ein verlorenes Kind,
suche ich Hände, die mich leiten.

Trotz Ostwind geh ich täglich vors Haus,
hoffe auf Sonnenschein und Stille,
rufe laut das Wort "Frieden" hinaus,
denn das ist mein – und des Volkes Wille.

Der Sturm “Zeynep“

Der Sturm "Zeynep", kräftig und eiskalt,
tobte durchs Land mit aller Gewalt,
von Dächern liess er Ziegel fliegen,
sogar Masten konnte er biegen.

In Gärten knickte er Baumstämme,
an der Küste zerbrach er Dämme,
flutete Wege und Landstraßen,
richtete Schaden an, in Massen.

Nach dem Toben bis tief in die Nacht,
ist der Morgen dann ruhig erwacht,
der verheerende Sturm war vorbei,
doch aufzuräumen, gabs vielerlei.

Mein Traum im Baum

Ach was war das für ein schöner Traum,
ich lag als Faultier in einem Baum,
betrachtete das Umfeld genau,
und suchte nach einer Faultierfrau.

Ganz nebenbei, so drei, vier Stunden,
ließ ich mir frisches Obst gut munden,
stieg dann gemächlich und ohne Hast,
hinüber auf einen and´ren Ast.

Dort konnte ich gemütlich chillen,
und das Zirpen hören, von Grillen,
dann kam eine Faultierfrau zu mir,
nahm mich reglos erst mal ins Visier.

Danach begann ein zartes Vorspiel,
kurz darauf, erreichte ich mein Ziel,
doch sofort nach diesem Liebesglück,
zog sie sich, auf ihren Baum zurück.

Ich lag wieder faul in meinem Baum,
vergessen hatte ich Zeit und Raum,
so nahm das Geschehnis seinen Lauf,
völlig entspannt – wachte ich dann auf.

Lärm

Ich hab ein empfindliches Ohr,
will auch vieles gar nicht hören,
muss dringend meiden den Rumor,
sonst wird er dauerhaft stören.

Autolärm, schrilles Gekrächze,
sehr laut ist uns´re schöne Welt,
Schreien, Fluchen und Geächze,
so vieles, das mir nicht gefällt.

Völlig still mag ich es auch nicht,
gut, dass ich nicht gehörlos bin,
leise Musik, auch ein Gedicht,
da hör ich gern - genüsslich hin.

Kollege Frohsinn

Wie ein Sturm saust du drüber hinweg,
über Schwermut, Ärger, Traurigkeit,
du ersetzt sie wie ein Clown so keck,
mit Spaß, Jux, Lachen und Heiterkeit.

Lässt immer nur Vergnügen walten,
das sich spiegelt in deinem Gesicht,
und du glättest gern Sorgenfalten,
denn Miesepeter, die magst du nicht.

Du bekämpfst Mißmut und Tristesse,
mit Lächeln, Augenzwinkern und Witz,
ohne Umschweif und ohne Prozess,
machst du Gaudium zum Fremdbesitz.

Drum, Kollege Frohsinn, bleibe hier,
begleite mich durch's ganze Leben,
und versprühe deinen Charme bei mir,
dann hast du - Lebenslust vergeben.

Unsere Erde

Obwohl wir sie ständig begehen,
nehmen wir sie überhaupt nicht wahr,
es gäbe doch so viel zu sehen,
denn uns´re Erde ist wunderbar.

Sie ist robust, sie kann viel tragen,
Füsse und Pfoten von Millionen,
sie wird sich deshalb nicht beklagen,
hat es nicht nötig sich zu schonen.

Auch in der Erde steckt viel Leben,
das so ungeheuer wichtig ist,
denn lock´ren Boden wird´s nur geben,
wenn sich das Kleingetier hindurchfrisst.

Doch die Erde bekommt auch Wunden,
die meist von Menschenhand verursacht,
sie nimmt´s noch hin, dreht ihre Runden,
wer weiß – wie lange sie´s noch macht.

Frohe Weihnachten

Ich bin kein wahrer Künstler
schon lange kein Poet,
bin nur ein kleiner Tüftler,
der Worte sucht, quer Beet.

Hab ich sie erst gefunden,
verknüpf ich sie zum Vers,
dann werden sie gebunden,
mit Liebe und mit Herz.

Von Neujahr bis Dezember,
stell ich Gedichte dar,
ich sage Euch als Schreiber,
es war ein tolles Jahr.

Habt Dank für Eure Treue,
für jeden Kommentar,
der Grund, dass ich mich freue,
ist sicher allen klar.

Drum wünsche ich zum Feste,
Ruhe und Besinnlichkeit,
Euch Lesern nur das Beste
und eine frohe Weihnachtszeit.

Frohe Weihnachten

Gem. Chor
a cappella

Worte: Horst Rehmann
Weise und Satz: Eckart Zeidler

Humor

Du erwärmst mein Herz

Ganz egal wie kurz die Nacht auch ist,
wie übel mich die Träume plagen,
ich weiß, dass du früh morgens da bist,
und entgegen nimmst, meine Klagen.

Meine schlechte Laune stört dich nicht,
du erwärmst mein Herz, das hab ich gern,
bringst schnell ein Lachen in mein Gesicht,
bist ein traumhaft schöner Augenstern.

Ich könnte nicht leben ohne dich,
würde die Tage nicht bestehen,
mit dir ist es immer gemütlich,
dir könnt ich niemals widerstehen.

Seit Jahren teilen wir uns ein Dach,
und du spürst meine Lippenwärme,
noch niemals gab es zwischen uns Krach,
kein Gezeter und kein Gelärme.

Es gibt nur wenige die so sind,
du hast Format und du bist klasse,
bin vor Liebe zu dir förmlich blind,
du zierlich kleine – Mokkatasse.

Bei Mondschein Gassi geh´n

Abends, es ist noch nicht mal Zehn,
es strahlt bereits der Mondenschein,
mein Hund muss dringend Gassi geh´n,
wie immer, lass mich drauf ein.

Wir laufen den Gehsteig entlang,
vis-à-vis der Großmarkthallen,
dort steht ein Mann im Haupteingang,
lässt den Lodenmantel fallen.

Steht nackt da, in voller Größe,
mein Rottweiler hat´s registriert,
knurrt, starrt auf des Mannes Blöße,
weil dessen Würstchen irritiert.

Ich schreie: „He du Kinderschreck,
verschwind, du Exhibitionist !"
Er rennt, es bleibt ein nasser Fleck,
vor Angst hat er wohl kurz gepisst.

Ich ruf ihm nach, in meiner Wut:
„Halte dich zukünftig bedeckt,
ich rat es dir, sei auf der Hut,
mein Rottweiler - hat Blut geleckt !"

Mein Kuschelbett

Fix und fertig, geschafft und müd,
die Energie völlig versprüht,
fall ich wie ein nutzloses Brett,
tagtäglich in mein Kuschelbett.

Wenn früh morgens der Wecker schellt,
die Sonne mein Zimmer erhellt,
vergrab ich mich noch gern komplett,
in mein samtweiches Kuschelbett.

Doch es hilft nichts, ich muss hinaus,
habe Frühschicht im Warenhaus,
ein paar Minuten, ganz kokett,
ruhe ich noch im Kuschelbett.

Dann renne ich zur Firma Staul,
und schufte wie ein Ackergaul,
von meiner Chefin, die stets nett,
träum ich des Nachts im Kuschelbett.

Zuhause, nach dem Abendbrot,
falle ich ausgelaugt, fast tot,
nach kurzem Duschgang und Klosett,
in mein geliebtes - Kuschelbett.

Naiver Ehemann

Kurt, der vom Dienst noch leicht benommen,
ist heute früher heimgekommen,
wird von seiner Frau umsorgt, gehegt
und am Küchentisch dann sattgepflegt.

Er gähnt, sagt: „Ich will mit Dir ins Bett."
Die Gattin meint: „Das geht aber net,
ich muss erst das Bett frisch überzieh´n,
leg Dich noch kurz auf dem Sofa hin!"

Dort wacht er frühmorgens wieder auf,
nimmt seinen Mantel, setzt den Hut auf,
pfeift und schreitet zur Arbeit alsdann,
schuftet, was das Zeug nur halten kann.

Er weiß, seine Frau, die ist so nett,
bezieht inzwischen das Ehebett,
dann muffelt´s nicht mehr nach fremdem Schweiß,
und was sie kocht, ist würzig und heiß.

Täglich das Geschwafel

Tagtäglich das Beste im TV,
ist auf keinen Fall, die Tagesschau,
gespannt verfolg ich das Geschwafel,
und muss dann hören, wie die Tafel,
als Top-Thema hochgedudelt wird,
und die dicke Frau im bunten Shirt,
erklärt, dass jeden Tag, immer mehr,
schräge Typen kommen, von weit her,
die an der Tafel jedes Essen,
schlimmer wie Kannibalen fressen.

Bei mir dreh´n sich die Nackenhaare,
und ich denke: „Oh Gott bewahre."
Dann schalt ich die Flimmerkiste aus,
zieh mich warm an, geh aus dem Haus,
denk drüber nach, wie schön es mal war,
ohne Tafel - ohne Fremdenschar.

Er ist ein Genie

Professor Grübel ist als Genie,
und als Erfinder weltweit bekannt,
sein Patent bei der Kernenergie,
wird überall, Nussknacker genannt,
denn an dem Kraftaufwand gemessen,
ist der Kern leicht und fix zu essen.

Seine meistgeschätzte Erfindung,
ist gewiss der Linsenapparat,
der im Falle einer Erblindung,
einem Auge schnell und adäquat,
Bilder mit großer Schärfe spendet,
und auch dem Hirn die Info sendet.

Ein Navi für die Wandernieren,
war kurze Zeit später sein Patent,
das dem Benutzer beim Marschieren,
über das Gedärm die Richtung nennt,
und da es auch zig Fotos speichert,
wird auch der Heimkehrwunsch bereichert.

Jüngst erfand er einen neuen Stoff,
den der Mensch einfach ins Essen streut,
und worüber, wie er täglich hofft,
sich bald ein jeder beim Stuhlgang freut,
denn er zaubert bunte, zig kleine,
Cocktailwürstchen – an eine Leine.

Auswahl per Internet

Im Internet eine Frau auswählen,
und sich möglichst bald mit ihr vermählen,
die Sache findet Klaus interessant,
ist auf die Heiratswilligen gespannt.

Die Elsbeth ist dreiundsechzig Jahre,
hat glänzend junge und wunderbare,
dunkelbraune Augen, deren Strahlen,
ein Paradies für die Zukunft malen.

Paula ist mit ihren siebzig Jahren,
und mit ihren burschikosen Haaren,
ein regelrechter Wildfang, ihr Lachen
könnte die Zukunft fantastisch machen.

Josefine, einundachtzig Jahre,
wirkt enorm frisch und hat straffe, klare
Konturen, die strahlend weißen Zähne,
verraten charmante Zukunftspläne.

Klaus überlegt beim strengen Auswählen:
„Mit welcher Fee könnt ich mich vermählen,
eins meiner Fotos muss ich retuschier ‘n,
um mich bei Ihr - nicht furchtbar zu blamier ‘n?“

Ärztliche Diagnose

Vorsorge muss sein, laut Krankenkasse,
und obwohl ich Arztbesuche hasse,
plagt mich im Moment ein kleines Problem,
ein Juckreiz, oder vielleicht ein Ekzem,
möglich ist auch eine Infektion,
ich brauch ärztliche Konsultation.

Äußerst schnell hab ich einen Arzttermin,
man nimmt Blut von mir und ein Glas Urin:
Das Blut ist rot“, meint der Arzt, „das ist gut,
es muss nicht einmal in ein Institut.“,
Dann greift er zitternd zum Glas mit Urin,
nippt daran, sagt: „Ne, Zucker ist nicht drin.“

Die Restbrühe kippt er mir ins Gesicht,
ich zucke und verlier das Gleichgewicht,
falle rücklings auf das Praxisparkett,
der Arzt stellt das leere Glas auf′s Tablett,
grinst mich an und erklärt mir maliziös:
„Krank sind Sie nicht, Sie sind - hypernervös !“

Jens hat ein Date

Jens dachte: „Sie ist zum Anlehen,
die Frau sieht ganz passabel aus,
sicher kann sie sich auch benehmen,
und kommt aus gutem Elternhaus."

Sie trafen sich zum Abendessen,
und jeder bestellte à la carte,
auch eine Flasche Wein vom Besten,
hatte man im Restaurant parat.

Jens wollte ein paar Fragen stellen,
und ihren Intellekt mal durchspäh´n,
doch sie begann lächelnd zu bellen:
„Ach sag, kennst du eigentlich schon den?"

Jens traute kaum noch seinen Ohren,
sie erzählte Witze Stund um Stund,
er aß und trank, war ganz verloren,
und hielt den ganzen Abend den Mund.

Auch war ihm keineswegs zum Lachen,
er fand diese Frau ganz einfach dumm,
sie wollte sich nur wichtigmachen,
und brachte Jens mit Plattheit fast um.

Als ihr die Luft war ausgegangen,
kam auch endlich Jens mal an den Ball,
und sagte ihr ganz unbefangen:
„Jetzt reicht es, du hast doch einen Knall!"

Meine Freude war enorm

Meine Freude war damals enorm,
als man an meine Fitness gedacht,
und sagte: „Damit bleibst du in Form,
wir haben ein Trimm-Rad dir gebracht.“

Zehn Monate steht´s in der Laube,
drauf gestrampelt hab ich nur einmal,
weil ich es mir täglich erlaube,
alles zu essen, nach freier Wahl.

Heute könnte ich Reden schwingen,
zum Beispiel: „Der Speck geht wieder ab!“
„Doch wie den Schweinehund bezwingen,
damit das Training kommt in Trab?“

Seit ich mein Daheim mit ihm teile,
mit diesem stupiden Kamerad,
wächst bei mir der Bauch und die Taille,
schlank bleibt nur – das blöde Trimm-Fahrrad.

Tiere sind schlau

Als daheim der Streit eskalierte,
und im Raum alles vibrierte,
Worte fielen, rauer und rauer,
da wurde der Wein sogar sauer.

Die Katze floh unters Canapé,
sie wär´ wohl lieber, draußen im Klee,
der Sittich verfärbte sich hellblau,
und im Fernseh lief die Tagesschau.

Der Nachbar schrie und schlug an die Wand:
„Seid ihr Deppen noch ganz bei Verstand?“
Unsre Messer waren scharf gewetzt,
wir hätten uns sicher bald verletzt.

Aber - wir mussten plötzlich lachen,
und über uns selbst, lustig machen,
weil wir die Gründe nicht mehr kannten,
weshalb wir uns in Streit verrannten.

Der Wein wurde wieder süß im Nu,
und der Sittich trillerte dazu,
die Katze raunte lieblich miau,
ja, ach ja – Tiere sind wirklich schlau.

Den Samstag versüßen

Höchste Zeit dem Ehemann Hagen,
nach fünf gestressten Arbeitstagen,
den Samstag versüßen, dem Charmeur,
denkt sie, und geht zum Modefriseur.

Fragt wissbegierig den Hairstylist,
was denn heute so in Mode ist.
„Sehr schick ist der Pariser Hairstyl,
auch der Römerkopf ist richtig geil."

Fest entschlossen und mit sehr viel Mut,
verlangt sie schließlich den Schnitt "Beirut",
eilt dann voller Vorfreude nach Haus,
ihr Gatte tritt schon zur Tür heraus.

Er reibt sich die Augen, als tät's weh,
dann zückt er sofort sein Portemonnaie:
„Schatz – hier, hundert Euro, bitte sehr,
geh' doch mal wieder - zum Friseur!"

Mit dir schmusen

Ein Teppich ist dir ausgerollt,
darfst ganz ruhig auf ihm liegen,
sein buntes Muster wird dich hold,
in die schönsten Träume wiegen.

Bleib völlig sorglos kleiner Schatz,
auf dich soll auch niemand treten,
kein Saugemaul von deinem Platz,
in tobender Gier dich jäten.

Deine Figur ist fein und weich,
gerne würd ich mit dir schmusen,
kein Großer ist dir darin gleich -
du überragst ihn - mein Flusen.

Max zahlt nix (frei erfunden)

Heute ist Max noch etwas müd,
trotzdem geht er zu Aldi Süd,
ein Dutzend Rentner sind schon da,
die meisten haben weißes Haar.

Zum Plausch sind sie immer bereit,
schließlich ist noch nicht Mittagszeit,
der Greis, der vor Regalen steht,
ist der, der nicht gern Däumchen dreht.

Doch Max will nur zur Kasse hin,
um zu bezahlen, seinen Gin,
leider wird's dort unangenehm,
denn vor ihm steht Methusalem.

Zitternd sucht er nach jedem Cent,
ein Bild, das wohl ein jeder kennt,
er sieht nicht gut und hört auch schwer,
schiebt den Rollator vor sich her.

Ware und Zeit hat Max nicht viel,
ihn nervt von dem Greisen das Spiel,
Max schubst ihn kurz, er liegt gleich lang,
ein Raunen geht durch jeden Gang.

Zu Hilfe kommen zig Leute,
Max geht vorbei an der Meute,
rasch kommt der Greis auf die Beine,
Max zahlt nix, er zieht schnell Leine.

Diese Aktion war genial,
und klappt auch sicher noch einmal,
drum plant es Max am andern Ort,
versucht gleiches - bei Aldi Nord.

Zu viert duschen

Per Post ist heut der Schlauch gekommen,
hab ihn in der Dusche installiert,
drum haben wir kein Bad genommen,
sondern ausgiebig geduscht, zu viert.

Meine Frau, die sonst badet im Schaum,
sich in der Wanne dreht wie ein Aal,
beurteilte die Dusche als Traum,
und schnappte nach jedem Wasserstrahl.

Mein Kater, mit Manier des Scheuen,
der sonst nur seinen Bart eintaucht,
verärgerte das Duschkopfstreuen,
er hat kratzend, laut und bös gefaucht.

Mein Hund, der in der Wanne immer,
mit seinem Hartgummistab gespielt,
hat unter Gebell und Gewimmer,
nach seinem Schatz aus Gummi geschielt.

Mir selbst hat es keinen Spaß gemacht,
hab meist auf dem Duschrand gesessen,
die Glaswand wäre fast eingekracht.
Zu viert duschen – kann man vergessen.

Ein Virus

Jedes Jahr plagt mich die Grippe,
die sich mit Fieber in mich schiebt,
ein Virus, wenn ich richtig tippe,
das mich wohl außerordentlich liebt.

Es ist mir jährlich nachgestiegen,
hat sich nicht an Gegengift gestört,
will nur mit mir im Bette liegen,
als wenn´s, trotz Husten, zu mir gehört.

Doch Morgen werde ich es schocken,
mit einem Besuch im Lasterhaus,
bei den saustarken Gonokokken,
nimmt es sicherlich blitzschnell – Reißaus.

WUNDERSCHÖN

In manch Foren herrscht das WUNDER,
das man verknüpft mit SCHÖN, als Gast,
doch meistens ist es nur Plunder,
dem man ein WUNDERSCHÖN verpasst.

Ich frag mich: „Wie ist es möglich,
bin ich als Leser auch schon irr,
oder bin ich schon unsäglich,
dumm und zum Begreifen zu wirr?“

Bei mir kommt ´ne Ahnung zum Reifen,
ich glaub, dass Mancher hier gar nicht lügt,
er kann nur vieles nicht begreifen,
weil sein Kopf nur über das Wort -
WUNDERSCHÖN - verfügt.

Sein Stahlrohr-Trabant

Er hat ihn hinterm Haus geparkt,
dort wo einst sein Kleinwagen stand,
doch seit dem Sturz vom Haus am Markt,
nennt er ihn kurz, Stahlrohr-Trabant.

Er schiebt ihn ständig vor sich her,
fühlt sich als Lenker vom Gespann,
mal wackelts arg, mal stolpert er,
ohne Problem, hält er kurz an.

Der Bordstein ist ein Sportstein jetzt,
er dient schon fast zum Hürdenlauf,
und selbst sein volles Einkaufsnetz,
nimmt Schleuderfahrten stets in Kauf.

Stolz ist er auf den grauen Blitz,
der gut fährt, ganz ohne Motor,
selbst ohne Lenkrad, ohne Sitz,
spurt er perfekt – der Rollator.

Beide sind platt

Mein Fahrradreifen, er ist platt,
dieser blöde Hinterreifen,
der Vordere war gestern matt,
ich hörte sein schrilles Pfeifen.

Erst dachte ich, wer pfeift denn hier,
ist da wer, dem ich gefalle,
doch es rappelte unter mir,
vorne der Schlauch, er war alle.

Vorn und hinten, beide sind platt,
da hilft nichts, ich muss sie flicken,
grad heut, wo´s Schätzchen Urlaub hat,
und wir vorhatten, zu - stricken.

TV-Kochshow

„Frau Dingsbums, Sie werden heut mit mir was kochen,
dann nehmen Sie bitte vom Rind die zwei Knochen,
und weil die Zeit drängt, fangen wir auch sofort an,
die Knochen ins Wasser und ein Zwiebelchen ran,
drei Karotten hinzu, am besten die Roten,
und mindestens sechs von den Paprikaschoten,
die Petersilie hacken Sie bitte ganz fein,
dann nehmen Sie ein Kilogramm Hackfleisch vom Schwein,
jetzt noch zwölf Krabben und vom Rotwein einen Schuss,
oben drauf reiben Sie noch etwas Muskatnuss,
auch Grieß gehört hinein, wenigstens drei Tassen,
das alles müssen Sie kurz aufkochen lassen,
salzen und pfeffern ist Ihre vorletzte Tat,
für dieses Essen, der ganz besonderen Art,
zu guter Letzt, verfeinern Sie alles mit Speck,
und wenn es Ihnen nicht schmeckt - dann werfen Sie's weg!“

Bildschön, betörend und sportlich

Du knurrst, wenn ich dich anmachen will,
trotzdem weiß ich, es wird gelingen,
anfangs bleibst meistens völlig still,
bis mir klar wird, ich muss dich zwingen.

Und bist du dann endlich richtig heiß,
wirst schnurrend willig und gehorsam,
dann mach ich mit dir den größten Scheiß,
mal mit Vollgas und mal ganz langsam.

Für mich bist du Glück, das stets parat,
bist bildschön, betörend und sportlich,
ich liebe dich sehr, mein Motorrad,
denn du lässt mich wirklich - nie im Stich.

In der Trambahn

Gestern früh fuhr ich mit der Trambahn,
konnte nirgends einen Sitzplatz seh´n,
mit Menschen dicht an dicht, welch ein Wahn,
musste ich stramm, im Mittelgang steh´n.

Neben mir stand eine hübsche Frau,
mit der ich dringend sprechen musste,
sie ist es, das wusste ich genau,
drum begann ich kess, mit Gehuste.

„Sie sind, das kann ich nicht bestreiten,
so außergewöhnlich hübsch, fürwahr,
jeder Mann würd´ sie gern begleiten,
sie sind die Schönste, die ich je sah.“

„Ich bin, das muss ich hier zugeben,
von Ihnen wirklich recht angetan,
ich würd sie auf den Arm auch heben,
und täglich mit ihnen Trambahn fahr´n.“

„Doch das ist, man muss es ganz klar seh´n,
gewiss noch lang kein triftiger Grund,
plump auf meinem linken Fuß zu steh´n,
mit ihren - gewiss – zweihundert Pfund.“

Neugieriger Stadtbummel

Neugierig geh ich durch die Stadt,
lass mich gern auch animieren,
weil jeder dieses Laster hat,
brauch auch ich mich nicht genieren.

Drum geh ich in ein Gässchen rein,
in dem sie Kunden anlocken,
mit nackten Brüsten, freiem Bein,
da bleibt mir der Atem stocken.

Sie drehen sich langsam im Kreis,
um eine glänzende Stange,
dieser Anblick macht mich ganz heiß,
mir glühen schon Stirn und Wange.

Es glänzt das Öl auf ihrer Haut,
ich betrachte auch die Rücken,
alle sind sagenhaft gebaut,
es bewirkt bei mir Entzücken.

Dann stehen sie ganz plötzlich still,
und ich beginne zu raunen:
„Zwei Hähnchen hätt ich gern vom Grill,
rechts die Beiden – knackig Braunen.“

Helmut - der Kettenraucher

Helmut dampfte aus allen Poren,
und niemals ging ihm die Kippe aus,
der Qualm kam ihm aus den Ohren,
blauer Dunst schwebte im ganzen Haus.

Bei jedem Film, in dem man paffte,
zog auch er hinein, sein Nikotin,
auf Partys war er der Begaffte,
weil er nur zum Rauchen dort erschien.

Doch dann verhängte man Rauchverbot,
in Hotels, Cafes und Gaststätten,
Helmut, der sonst rauchte wie ein Schlot,
gab auf, kaufte E-Zigaretten.

Nun sitzt er in seinem Kämmerlein,
pafft den Aromarauch auf Lunge,
seine Frau, vom Nichtraucher-Verein,
meint: „Helmut ist ein braver Junge!“

Er will raus

Es regnet und ich hab Gäste,
würd ihn trotzdem gern rauslassen,
doch vielleicht ist es das Beste,
sich der Lage anzupassen.

Lang kann ich ihn nicht mehr halten,
er will jetzt unbedingt hinaus,
ich kann ihn doch nicht ausschalten,
drum schau ich dumm zum Fenster raus.

Der Regen hat sich verzogen,
und meine Gäste, sie gehen,
ich lächle etwas verbogen,
bleibe im Türrahmen stehen.

Dann renne ich in den Wohnraum,
hol tief Luft und bücke mich kurz,
was dann folgt, ich glaube es kaum,
laut donnernd kracht er raus – der Furz.

Oft auf Reisen

Der Willi geht sehr oft auf Reisen,
doch meistens nur, um gut zu speisen,
in Restaurants, fast in jedem Land,
ist er als Schlemmerwilli bekannt.

Doch im D-Zug, im Speisewagen,
füllt er am liebsten seinen Magen,
nur auf einem Schiff, auf hoher See,
tut´s ihm arg in den Gedärmen weh.

Dann rennt er flott, mit vollen Backen,
auf ein Klo, um sich zu entschlacken,
fast ein Kilo nimmt er ab, im Nu,
auch der Hosenknopf geht wieder zu.

Gleich darauf flitzt er ins Bordcafe,
und bestellt sich Torte zum Kaffee,
mit einem Klecks Sahne noch am Kinn,
schleicht er dann zum Abendessen hin.

Dort muss er nebenbei, beim Kauen,
sich schnell den Zugfahrplan anschauen,
bei einem Zug mit Speisewagen,
lässt er sich gleich als Gast eintragen.

Auf allen Kreuzfahrtschiffen weiß man,
was der Willi so verspeisen kann,
bekannt ist er auf allen Gleisen,
denn der Willi - isst - gern auf Reisen.

Ein Meisterstück

Gott erschuf die Welt vor langen Zeiten,
zu allerletzt vom Mann ein Exemplar,
und so schien es darauf hin zu deuten,
dass er zu dieser Zeit schon müde war.

Denn als er sein Geschöpf so beschaute,
da fehlte dies und da fehlte noch das,
und an diesem ganzen Mannsbild taugte,
nur eine einzige Rippe etwas.

Sofort hat er diese ihm entnommen,
und zügig eine Frau daraus gemacht,
so sind sie später zur Welt gekommen,
gut geformt und gefertigt mit Bedacht.

Jedoch zu der Frau geheimen Lobe,
das sieht man auf den allerersten Blick,
der Mann war vom Herrgott eine Probe,
von der Frau machte er - ein Meisterstück.

Gute Frage

Damit es auch jedem Recht gescheh',
gibt es bei uns das ABGB,
der Schuldige in allen Schadensfällen,
muss den alten Zustand wieder herstellen.

Ein Jüngling mit seinem Kraftrad,
fuhr wohl zu schnell durch eine Stadt,
er kannte die Strecke genau,
trotzdem rammte er eine Frau.

Jedoch weil diese schwanger war,
war das Ergebnis auch gleich klar,
der harte Anprall und der Schreck,
nahmen der Frau den Fötus weg.

Und somit stellte sich die Frage:
„Was tun, bei einer Schadensklage,
müssen Schuldige in solchen Fällen,
den alten Zustand wieder herstellen?“

Da schauste

Max und Liz gingen Arm in Arm,
zu einer großen Hühnerfarm,
der Besitzer namens Kurt Strauß,
führte sie gleich zum Hühnerhaus.

Die junge Liz blickte recht scheu,
das Hühnerleben war ihr neu,
und plötzlich sprang ein Hahn aufs Huhn,
wie das die Hähne täglich tun.

Sehr interessant sah das aus,
drum fragte sie den Hausherrn Strauß:
„Ach, sagen sie mal, guter Mann,
wie oft am Tag, macht das der Hahn?“

Herr Strauß entgegnete ganz zag:
„Mindestens zwanzigmal am Tag.“
Liz blickte auf zum Max, sehr schnell,
sagte lächelnd: „Da schauste, gell!“

Hierauf fragte Max etwas krass:
„Herr Strauß, wie meinen sie denn das,
läuft denn der Hahn den ganzen Tag,
ein und derselben Henne nach?“

„Nein“, sprach Strauß, „das würd er nicht tun,
der Hahn nimmt stets ein andres Huhn“.
Max schnappte sich Liz blitzeschnell
und sprach weise: „Da schauste – gell!“

Ein schlechter Tag

Dieser Bub dort hat mein Eis geklaut,
hat´s mir frech aus der Hand gerissen,
mein neues T-Schirt hat er versaut,
und mir noch in die Hand gebissen.

Dieser Tag läuft total daneben,
mit einem Biss das Eis gestohlen,
das möcht ich nicht noch mal erleben.
„Wer hat mir nur das Eis empfohlen?"

Ja, wer war´s, ich weiß es gar nicht mehr,
man sollt´ ihm den Hintern verhauen,
und eventuell, dann hinterher,
auch ihm kräftig den Tag versauen.

Wohlsein, kann ich mir heut abschminken,
denn wer weiß, welch Unheil noch erwacht,
vielleicht wird mich noch jemand linken.
„Gott beschütze den – der so was macht!"

DAMALS - Wenn ich ein Junge wär´ (Rita Pavone)

HEUTE -
Wenn ich ein Grüner wär´ (Satire)

Wenn ich ein Grüner wär, das wäre nicht so schön,
dann müsst ich jeden Tag erneut zur Schule gehn.
Und käm ich heim ins Ökohaus,
zög ich erst meine Lumpen aus,
das wäre für mich schwer,
wenn ich ein Grüner wär.

Doch wenn meine liebe Freundin mich küsst,
weiß ich, dass es Gott sei Dank ander ist,
denn bei meiner Freundin wird mir klar,
diese dumme, grün versifte Ökobande ist offenbar,
das Schlechteste was je auf dieser Erde war.

Wenn ich ein Grüner wär, mit einem Trampelrad,
dann würde ich verbannt, bald aus der ganzen Stadt.
Ich wär sicher schon bald ganz allein
und käm nicht raus aus diesem Verein,
das wäre für mich schwer,
wenn ich ein Grüner wär.

Wenn ich ein Grüner wär, dann packte mich die Wut,
denn ich möcht nicht gehör´n zu solch dummer Brut,
für mich wär´s furchtbar schwer,
wenn ich ein Grüner wär.

Worte mit Mehrfach-Sinn

Der Deutsche muss sich doch fragen:
„Wie soll ein Fremder das ertragen?“
Ein kurzes Wort mit Mehrfach-Sinn,
da legt jeder gleich - das Lehrbuch hin.

Den BART trägt man am Kinn,
auch am Schlüssel hat er Sinn.
Die BANK steht meistens im Garten,
sie gibt auch Zins zu dem Gesparten.
Die BIRNE wächst an einem Baum,
in der Lampe erhellt sie den Raum.
Die Blume ist des Gartens Zier,
sie schmückt jedoch auch gutes Bier.
Die BRILLE – jede Wette,
passt zum Kopf und zur Toilette.
Die DAME ist eine Frau von Welt,
beim Schachspiel beherrscht sie das Feld.
Das EIS braucht der Schlittschuhläufer,
im Sommer verkauft´s der Eis-Verkäufer.
Der ENTE gebührt Bewunderung,
in der Zeitung gilt sie als Falschmeldung.
Der HAHN gehört zum Hühnerstall,
zum Waschbecken auf jeden Fall.
Der LÄUFER liegt meist im Hausflur,
im Stadion rennt er nach Stoppuhr.
Die LINSE ist ein Kamerautensil,
auch in den Kochtopf passen viel.
Die LÖFFEL gehören zum Essbesteck,
der Hase spitzt sie und rennt weg.
Die MUTTER gehört zum Kinde,

manch eine dreht man aufs Gewinde.
Die NOTE steht im Notenbuch,
im Zeugnis stehen auch genug.
Der RING steckt meist am Finger,
er schützt Boxer wie auch Ringer.
Das ENDE kann ein Wurststück sein,
doch auch wie hier - der Schluss vom Reim.

Viele solcher Worte gäb´s noch aufzuzählen,
doch damit möchte ich – niemanden quälen.

Susann und Tom

Susann und Tom schlenderten durch den Wald,
und machten, nah einer Schonung, halt.
„He Susann, willst Du mal was Schönes seh´n,
sprach Tom, dann musst Du in die Hocke geh n."

„Das ist ein prachtvoller Stiel, schau mal hin,
und wunderbar fest ist auch die Kuppe!"
„Wahnsinn", sagt Susann, „ich glaube ich spinn,
darf ich ihn …?" „Klar darfst Du, süße Puppe!"

„Ich meine, darf ich ihn so in den Mund ..?"
„Ja, ich kann ihn nur nicht vorher waschen,
jedoch ist das nicht unbedingt ein Grund,
er ist sauber, Du kannst mal dran naschen!"

„Tom, Du meinst ich kann ihn einfach nehmen?"
„Ja, nur Vorsicht mit der Kuppe, Susann,
oh, das schmerzt, mir kommen gleich die Tränen,
Susann - so fasst man doch ´nen Pilz nicht an!"

Ein Taxi am Berg

Verwundert schauend steht Waldemar Kist,
- der in Nordspanien auf Reisen ist -
da kommt ein Taxi mit drei Gästen an,
Waldemar staunt und fragt den Taxi-Mann:

„Warum, guter Mann - es fällt mir nur auf,
fahren Sie rückwärts diesen Berg hinauf?“
„Sie müssen wissen“, sagt der Taxi-Mann,
„dass man oben am Berg nicht wenden kann."

Waldemar nickt und sagt etwas zerstreut:
„Ihr in den Bergen seid clevere Leut!“
Nach ein paar Stunden, jetzt wird es munter,
kommt das Taxi rückwärts den Berg herunter.

Der gleiche Fahrer, das gleiche Taxi,
nur auf der Rückbank sitzt jetzt eine Sie,
Waldemar stutzt und schaut irgendwie dumm,
dann fragt er den Taxichauffeur: „Warum?“

„Ach wissen Sie", spricht nun der Taxi-Mann,
„ist doch gut, dass man JETZT oben wenden kann.“
Waldemar reißt die Augen ganz weit auf,
erspart sich lieber - eine Antwort darauf.

Lea und Hein

Vor einer grünen Fläche,
wie kann es auch anders sein,
trifft sich Lea, die Freche,
mit dem arg robusten Hein.

Vor einer grünen Fläche,
da wird es interessant,
denn der Hein, ohne Schwäche,
hat zwei Kugeln in der Hand.

Vor einer grünen Fläche,
kommt der Hein mächtig auf Trab,
und Lea, diese Freche,
ergreift fix den runden Stab.

„Auf geht's“, sagt der Hein und macht,
ziemlich flott und rigoros,
etwas aufgeregt, doch sacht,
seinen allerersten Stoß.

Dann ´ne dumme Bewegung,
und dazu ein lauter Fluch,
„Wow!“ - Heftige Erregung. --
Ein Loch ist im Billardtuch.

Zwei Rucksacktouristen

Zwei Rucksacktouristen in Afrika,
waren urplötzlich in großer Gefahr,
weil vor ihnen, direkt am Waldesrand,
laut brüllend, ein mächtiger Löwe stand.

Der schüttelte seine dicke Mähne,
fletschte unübersehbar die Zähne -
aus dem Rucksack holte der eine Mann,
Turnschuhe heraus und zog sie schnell an.

Der Andre meinte: „Du bist primitiv,
warst ja auch schon immer etwas naiv,
Löwen müsstest du doch besser kennen,
meinst du wirklich, du kannst schneller rennen,
und denkst du, dass der Löwe dich nicht fasst,
nur weil du jetzt deine Turnschuh anhast ?"

Sein Kumpel lachte nur so vor sich hin,
und kratzte sich ganz bedächtig am Kinn,
dann sprach er und band seine Schuhe zu:
„Ich brauch doch bloß schneller laufen - als du!"

Er geht lieber angeln

Heinz-Dieter findet es richtig schön,
spät abends am Fluss angeln zu gehen,
doch er ist schon fünfzig Jahre alt,
und heut regnet es und es ist kalt.

Drum bricht er seine Angelei ab,
begibt sich auf den Heimweg, im Trab,
seine liebe Frau, er findets nett,
liegt schon fest schlafend im Ehebett.

Er genehmigt sich noch schnell ein Bier,
und kriecht splitterfasernackt zu ihr,
sie ist nur halb wach, im wahrsten Sinn,
„Wie ist denn das Wetter?“ fragt sie ihn.

Stöhnend sagt er kurz: „Ganz scheußlich nass,
da will ich lieber hier meinen Spaß!“
Sie meint schlaftrunken, voll am “Rangeln“:
„Mein Mann, der Depp, geht lieber angeln!“

ALLE BEIDE

Gerd besucht den Arbeitskollegen Fips,
der liegt, vom Hals bis zu den Knie´n, in Gips,
er sieht wirklich sehr bedauernswert aus,
nur die halben Beine schauen noch raus.

Beim Neubau riesiger Werkstatthallen,
ist er von einem Gerüst gefallen,
jetzt frier 'n seine Füße, er möcht´ toben,
bittet Gerd: „Hol mir Hausschuh von oben!"

Doch als Gerd oben die Hausschuhe sucht,
sieht er Fips Töchter, die sind eine Wucht,
Jungfrau´n, zart wie Butter, unter zwanzig,
er denkt: „Ran da, sonst werden sie ranzig".

„Euer Vater sagte, ihr könnt´s glauben,
ich soll euch Beiden die Unschuld rauben."
Doch die Töchter, beide blond, stellen klar:
„Du bist ein Lügner, das ist gar nicht wahr!"

Gerd ist clever, wird so weiß wie Kreide,
ruft nach unten: „Fips, meintest du beide?"
Fips schreit nach oben, sehr deutlich sogar:
„Ich mein´ alle Beide, das ist doch ganz klar!"

Eine Landfrau

Eine Landfrau aus Treuenbrietzen,
die zog ihrer Kuh an den Zitzen,
doch die Milch, sie wollte nicht spritzen,
und es würde auch gar nichts nützen,
wartend auf dem Schemel zu sitzen.

Ein Urlauber, er kam aus Bitzen,
schaute an der Wand durch die Ritzen,
sah der Frau ihre Augen blitzen,
und begann sichtlich zu erhitzen.

Doch die Frau wusste sich zu schützen,
wollt´ so etwas nicht unterstützen,
und nicht betrügen, ihren Fritzen,
der krank war und ständig am Schwitzen.

Draußen sah sie drei junge Mietzen,
die tranken dort aus Wasserpfützen,
genauso wie vom Reh die Kitzen,
gleich nach Donner, Regen und Blitzen.

Die Frau brauchte Wolle für Mützen,
fuhr mit dem Rad ins Kaufhaus Tietzen,
kaufte dort auch noch feine Litzen,
und ein Buch mit ganz tollen Witzen.

Dann musste sie schnell heimwärts flitzen,
um an der Holzfigur zu schnitzen,
die seitlich begann aufzuschlitzen,
und es leicht wär´, sie zu stibitzen.
Nachts im Bett, naschte sie Lakritzen.

Zu Besuch bei der Tante

Mit seinem Hund, den er Rex nannte,
fuhr Eduard nach Brandenburg-Buch,
machte bei seiner lieben Tante,
einen, schon lang geplanten Besuch.

Und als er dann bei seiner Tante,
stolpert und gegen die Standuhr bumst,
und der Rex sie noch nieder rannte,
da hat´s laut und fürchterlich gerumst.

Und Tantchen begann gleich zu fragen:
„Ach Eduard, haste Dir jebumst?"
„Wie kannst Du so was Dummes sagen,
das geht doch nicht, es hat nur gerumst!"

„Liebes Kind, ick hab´s doch klar jeseh´n,
denkst Du vielleicht, det ick bleede bin?“

„Liebes Tantchen, wie soll denn das geh´n,
so was ist technisch, doch gar nicht drin,
Du kannst doch nicht ganz richtig ticken,
ich kann mich doch nicht selber fi....!“

Es quietschte beim Laufen

Zum Hausarzt rannte sie sehr schnell,
die bezaubernd schöne Isabell,
es quietschte beim Laufen und Bücken,
am Oberschenkel war ein drücken.

Bei der Untersuchung wurde klar,
dass nichts mit dem Oberschenkel war:
„Das Quietschen kommt auf jeden Falle,
von Ihrer alten Strumpfbandschnalle."

Das sagte der Arzt mit ernstem Blick,
und betrachtete das rost'ge Stück,
verordnete dann Öl zum Schmieren,
genauso, wie bei Türscharnieren.

Und hier die Moral von der Geschicht':
Einer der gut schmiert, der rostet nicht,
denn was stets hilft uns Menschen allen,
das hilft auch – alten Strumpfbandschnallen.

Die Acht

Für einen Menschen, der gerne l8,
ist die Zahl 8 Mittelpunkt der M8,
wenn er elegant und sehr bed8,
in seinem Leben oft Schleifen m8.

So haben wir als Kinder ged8,
und uns oftmals Gedanken gem8,
wenn´s auf der Straße mal laut gekr8,
oder ein Schiff kam, mit großer Fr8.

Manchmal waren wir auch aufgebr8,
wenn man uns frech ins Gesicht gel8,
doch dann haben wir einfach ged8,
mach weiter, wenn es dir Freude m8.

Wir waren arm, hatten keine Y8,
doch unser Leben war eine Pr8,
und abends haben wir oft ged8,
es gibt einen Stern, der uns bew8.

Ein arger Krampf

Einst lag ein Mann in seinem Bett,
sein rechtes Bein, steif wie ein Brett,
es quälte ihn ein arger Krampf,
dem er bald ansagte, den Kampf.

Er versuchte es mit strecken,
doch das schmerzte zum Verrecken,
drum stand er ganz, ganz langsam auf,
ließ dem Geschehen seinen Lauf.

Doch das Bein bewegte sich nicht,
„Verdammt“ schrie er und machte Licht,
was sollte er nur noch machen,
es war wirklich nicht zum Lachen.

Plötzlich wurde ihm ganz übel,
kurzerhand griff er zum Kübel,
der neben seinem Nachttisch stand,
und er ihn schnappte, ganz entspannt.

Gelöst hatte sich dieser Krampf,
und somit war vorbei, der Kampf,
der Schmerz war endgültig vorbei,
doch leider nicht - die Reiherei.

Abnehmen

Ein Mann mit sehr viel Körperfülle,
möcht´ es ändern, damit die Hülle,
also sein Brustumfang und sein Bauch,
schrumpfen, wie beim Hungerkünstler auch.

Um dieses baldigst zu erreichen,
muss er schnell, auf Diät ausweichen,
die ihm bringt, ´ne bessere Figur,
wenn er sie durchzieht, fix, stramm und stur.

Er probiert deshalb mal Dies, mal Das,
und isst tagelang nur Ananas,
oder Kartoffeln mit Gemüse,
halb gar gekocht in der Kombüse.

Doch die Pfunde wollen nicht purzeln,
sie sind hartnäckiger als Wurzeln,
deshalb ändert er die Methode,
in seiner Abnehmperiode.

Er greift mit Mut und gutem Willen,
zu Kräuter, Säfte, Schlankheitspillen,
die sind zwar teuer, diese Posten,
trotzdem scheut weder Müh noch Kosten.

Doch Erfolg ist ihm nicht beschieden,
er wird deshalb bös, ist unzufrieden,
nicht mal ein Gramm gab sein Körper her,
nur die Brieftasche – war völlig leer.

Einz-igart-ig

Ein Mann namens Kön..
geboren in Leipz..
ganz sicher schon siebz..
bekleidet sehr dürft..
Gesicht und Hände schmutz..
saß einst in Danz..
auf Decken, recht dreck..
und neben ihm ein Käf..
mit einem kleinen Zeis..
der sehr, sehr art..
überaus fleiß..
galant und läss..
obwohl das Wetter eis..
zwischen Blätter und Reis..
an Obst pickte, das mad..
doch ein Passant wurde stutz..
obwohl der Vogel sehr putz..
roch dieser nach Ess..
und irgendwie muff..
mit einem Wort, ekl..
drum fand er es wicht..
ganz sicher auch richt..
das er flott und hurt..
natürlich vernünft..
zumindest einstweil..
doch nicht endgült..
und nicht für ew..
ihn bringt zu Herrn Will..
nach Sinz..
denn der ist feinfühl..

auch nicht geiz..
niemals hitz..
immer lust..
trotzdem mut..
und stets ems..
Vögel rechtzeit..
kurzfrist..
und güt..
zu pflegen – großzüg..
und - warmherz..

Ein Eisbär

Ein Eisbär, auf Spitzbergen bei Nacht,
der hat ans Schlafengeh´n nicht gedacht,
er lief über Felsen und Asphalt,
machte dann in einer Ortschaft halt.

Sein Körper begann leicht zu zittern,
die Nase konnte Gutes wittern,
drum scharrte er unter Holzplanken,
ein Obstdepot frei, mit den Pranken.

Vor lauter Hunger schnappte er zu,
und kannte vor Gier auch kein Tabu,
schmatzte Äpfel und Trauben runter,
doch dann wurde sein Magen munter.

Das alte Obst, gegorener Art,
traf sein Wohlbefinden äußerst hart,
er schwankte, der Boden drehte sich,
dieser Zustand wurde fürchterlich.

Drum tapste er stockbesoffen fort,
um sich zu erholen, fern vom Ort,
seinen Rausch hat er schnell vergessen,
Obst wird er sobald - nicht mehr fressen.

Nackedei

Ein Mensch, der die Gedanken rief,
fragte, ob er wohl besser schlief,
wenn er des Nachts sich bekleide,
mit ´nem Schlafanzug aus Seide.

Er hielt es dann für angebracht,
es zu probieren, eine Nacht,
einmal schlummern im Nachtanzug,
hielt er für richtig und für klug.

Doch schon in dieser einen Nacht,
hat er Stunden schlaflos verbracht,
auch wenn der Schlafanzug gut saß,
war er vom Körperschweiß klatschnass.

Noch ´ne Nacht wollt´ er´s probieren,
musste sich auch nicht genieren,
drum zog er an, nur die Hose,
sie war weit, saß deshalb lose.

Dieses gefiel ihm auch nicht recht,
denn sie klemmte ein, sein Geschlecht,
und außerdem war´n beim Wenden,
ständig unbedeckt die Lenden.

Daraufhin war ihm sonnenklar,
man schläft prächtig und wunderbar,
ohne Schlafanzug, völlig frei,
als unverhüllter – Nackedei.

Wenn ich als alter Greis

Wenn ich als alter Greis ein Auto wär,
bekäm ich vom TÜV heut kein Okay mehr,
selbst bei ganz genauer Untersuchung,
ständ folgendes auf der Bescheinigung.

Am Zylinderkopf fehlt eine Schraube,
das ganze Fahrzeug ist ´ne Rostlaube,
ausgeleiert ist die Kurbelwelle,
und die Motorhaube hat ´ne Delle.

Die Bremsbacken funktionieren nicht,
und ziemlich trübe brennt das Fahrlicht,
ausserdem ist leicht undicht, das Ventil,
und auch die Reifen haben kaum Profil.

Die Kupplung schleift völlig kraftlos dahin,
und der Tachostand ist reinster Wahnsinn,
das Fahrgestell ist komplett verzogen,
selbst die Stossstange ist arg verbogen.

Für den Verkehr ist die Karre untauglich,
die Stilllegung erfolgt - unverzüglich.
Blitzartig geht's mir dabei durch den Sinn:
„Es ist doch gut – das ich kein Auto bin."

Druck auf der Blase

Manchmal, wenn deine Blase spricht,
ist grad kein Pissoir in Sicht,
im Radio, Bächlein rauschen,
du kannst nirgends untertauchen.

Verkehrsstau auf der Autobahn,
und dir drückt fürchterlich der Harn,
der nächste Rastplatz ist noch weit,
jetzt machen sich die Schmerzen breit.

Doch am Rastplatz, dem genannten,
triffst du plötzlich ´nen Bekannten,
er steht vor dir ganz graziös,
dein Blasendruck macht dich nervös.

Auf ein "Tschüss" bist du am Drängeln,
weil die Blase ist am Quengeln,
nichts, gar nichts hält dich jetzt noch auf,
das Schicksal nimmt nun seinen Lauf.

Du rennst ganz fix zum Rastplatzrand,
kannst endlich pinkeln, voll entspannt,
doch dann passiert´s, du glaubst es kaum,
wachst auf im Bett – aus ist der Traum.

Meine Lust

Ich geh ins Zimmer und lache,
bin mächtig in Stimmung sogleich,
greife zu und komm zur Sache,
die Uhrzeit ist mir völlig gleich.

Braun und wunderschön ist ihr Teint,
kurvenreich ihr gesamtes Bild,
auf meinem Schoß sind wir vereint,
meine Lust wird vollends gestillt.

Nach einer Stunde mach ich Rast,
hab sehr viel Neues ausprobiert,
und alle Teile angefasst,
sie hat gezittert und vibriert.

Mir flattern Finger und Hände,
sie funktionieren zielbewusst,
doch ein Schmerz in meiner Lende,
beendet langsam meine Lust.

Ich bin geschafft und ausgelaugt,
lasse ganz sacht von ihr die Hand,
heute wird sie nicht mehr gebraucht,
drum häng ich die Gitarre - an die Wand.

Es darf gelacht werden

Oma, sprach der Bub, ich muss mal pissen,
zornig haute Oma ihn mit Sofakissen,
später sprach sie lieb, bevor ins Bett sie gingen,
mein Bub, das heißt nicht pissen, das heißt singen.
Nachts ruft Bübchen, Oma ich muss singen, lass mich vor,
Oma flüstert müde, dann sing mir leise was ins Ohr.

*****

Warum blickt ein Mann erschreckt auf seine Füße,
warum rinnen Tränen ihm wie wilde Flüsse,
warum zuckt und schreit er: So´n verdammter Mist,
weil gradewegs auf eine Stromleitung er pisst.

*****

Ein Mann sprach wütend zu Schneewittchen,
hast keinen Arsch und auch kein Tittchen,
treibst es mit sieben Männern auf der Pritschen,
was bist du nur für ein versautes Flittchen.

*****

Im Wasserrohr hört er es knacken,
in der Toilette türmt sich Eis,
er kneift zusammen beide Backen,
weil doch schon kommt der ganze Scheiß.

*****

Zwei Buben saßen auf ´ner Bank,
der eine roch, der andere stank,
da schrie der, der roch, zu dem der stank,
auf, verschwind, such dir ´ne andere Bank.

Politik

Lasst das Schikanieren

Politiker leben in Saus und Braus,
verlangen vom Bürger den “Vogel Strauß“,
sie sollen den Kopf in den Sand stecken,
Schnauze halten, oder - Stiefel lecken.

Was würde wohl sein in diesen Tagen,
wenn Bürger zu Politikern sagen:
„Sagt uns endlich die Wahrheit ins Gesicht,
wir erdulden euer Geschwindel nicht !“

Keiner im Land will die Wahrheit missen,
alle Bürger fühlen sich beschissen,
sie wollen mehr Licht für die Zukunft seh´n,
und lassen sich nicht den Geldhahn zudreh´n.

Pandemie, Corona, zig mal impfen,
Tatsachen verdrehen, ständig schimpfen,
das lässt sich keiner länger gefallen,
bald werden ausgefahren, die Krallen.

“Wir sind das Volk“ hieß es schon vor Jahren,
wisst ihr noch, wer die Gewinner waren ?
„Politiker, lasst das Schikanieren,
fangt sofort an – VOLKSNAH - zu regieren !“

Wenn eines Tages

Drück deine Lippen zusammen,
sag kein unüberlegtes Wort,
meide unnötige Schrammen,
bleibe stets im korrekten Hort.

Sag nichts gegen Terroristen,
sonst gibt´s staatlichen Gegenwind,
du stehst als rechts auf den Listen,
und bist ein falschgelenktes Kind.

Dulde böse Übergriffe,
trete sie platt, deine Kultur,
gib sie preis, die alten Riffe,
geh einfach auf der neuen Spur.

Wenn dann eines schönen Tages,
alles im Fremdglauben versinkt,
sagen viele: „Wir ertragen´s,
hatten nur den falschen Instinkt."

Gemeinschaftswohl

Warum gehen wir noch wählen,
weshalb muss man Stimmen zählen,
wenn am End die Wahlzettelei,
püriert wird zu Bananenbrei.

Ist dann alles grob versalzen,
und vorbei das Zungenschnalzen,
wird schnell gemixt ein Dreifachmus,
genannt, Parteizusammenschluss.

Nebenbei vergibt noch Brüssel,
neue Regeln für die Schüssel,
was krumm und schief gewachsen ist,
wird schnell befördert auf den Mist.

Die woll´n uns an der Nas´ rumführ´n,
und uns belasten mit Gebühr ‘n,
natürlich zum Gemeinschaftwohl,
doch dieser Song klingt - leer und hohl.

Ist es wirklich so ?

Weshalb, warum führen Menschen Krieg,
wollen sie Blut, Boden und den Sieg,
oder die Ehre vom Vaterland
neu erstellen, wegen alter Schand.

Was treibt viele Menschen in den Sport
und zwingt sie zur Leistung immerfort,
wer ist diese heimliche Gewalt,
die lautlos mit einer Peitsche knallt.

Ihr seit zu dünn, ihr seit viel zu dick,
seit selbst schuld an eurem Mißgeschick,
wie wär's mit etwas mehr Disziplin,
fangt endlich damit an, das macht Sinn.

Die Antworten stehen längst bereit:
Furchtbar Langeweile macht sich breit,
Krieg beendet Sport und Fresserei
und tötet - das tägliche Einerlei.

Krieg

Einen Krieg kann man nicht verlieren,
sondern immer nur die Menschlichkeit,
Menschen verhungern und erfrieren,
sie sterben trotz Hilfsmöglichkeit.

Einen Krieg kann man nicht verlieren,
man verliert nur leider den Verstand,
Menschen die Frieden propagieren,
haben meist schon Waffen in der Hand.

Einen Krieg kann man nicht verlieren,
jedoch zerstören was verbindet,
mag auch der Glaube variieren,
wer etwas Schlechtes sucht, der findet.

Einen Krieg kann man nicht verlieren,
doch ganz gewiss das wärmende Blut,
drum möge Weisheit Seelen zieren,
dann geht es der Menschheit – wirklich gut.

Lacht nicht

Aus Osten dröhnen laute Kriegsschreie,
zu uns, den guten Freunden im Westen,
wir leben in Saus und Braus, als Freie,
unsere Regenten sind die Besten.

Die Jugend hat stets sichere Ziele,
das Volk wird generell nicht überwacht,
von armen Menschen gibt es nicht viele,
der kleine Mann hat hier im Land die Macht.

Des Rentners Einkünfte sind zu loben,
auch das Gehalt vom Pflegepersonal,
Diäten für die Leute ganz oben,
sind und bleiben weiterhin, minimal.

Jeder hat die gleichen Möglichkeiten,
man sieht es an des Menschen Heiterkeit,
Politiker die solch Bürger leiten,
sorgen für Wohlstand und für Sicherheit.

Das sagen die TAGESSCHAU und HEUTE,
objektiv über Zustände im Land.
Zuschauer und klar denkende Leute,
lacht nicht - vertraut lieber eurem Verstand.

Was Rot, Grün, Gelb so macht

Über das, was Rot, Grün, Gelb so macht,
wird in ganz Deutschland nur noch gelacht,
was die dort treiben ist skandalös,
nicht einer kennt das Wort - seriös.

Die Bürger werden ausgenommen,
damit Herrscher mehr Geld bekommen,
neue Typen werden gleich saniert,
und ganz Deutschland grenzenlos blamiert.

Man meint, dass denen der Kittel brennt,
weil ein jeder nur dem Geld nachrennt,
kein Verbrecher wär´ so verwegen,
täglich den Gleichen reinzulegen.

Doch das schert diesen Regenten nicht,
sie verziehen nicht mal ihr Gesicht,
werden eiskalt so weiter machen,
und lassen sich weltweit – auslachen.

Gedanken eines Regenten

Mir geht es gut, ich fühle mich frisch,
hab immer einen gedeckten Tisch,
ess´ Braten vom Rind, vom Hirsch, vom Schwein,
hab zig Flaschen im Keller mit Wein.

Beim Essen kommt mir oft in den Sinn,
ich leb wirklich nur sinnlos dahin,
ich sollt´ doch eigentlich regieren,
doch ich würd mich nur blamieren.

Als Schweinehund, der ich nun mal bin,
kommt mir fürs Volkswohl nichts in den Sinn,
ich trink noch einen, verdammt noch mal,
wie´s dem Bürger geht – ist mir schei.. egal.

Hat sie RECHT ?

Das Wichtigste wurde vertagt,
von Regenten wird's nichts geben,
schon meine Oma hat gesagt:
„Hier im Land geht viel daneben!"

Erschöpft sich bald Kohle und Gas,
der Mittelstand stirbt langsam aus,
das Rentenniveau sinkt ganz krass,
Bosse leben in Saus und Braus.

Der Gesundheitsminister weint,
Krankenkassen sind die Coolen,
ganz klar das meine Oma meint:
„Im Geld werden sie sich suhlen."

Schlimm, das Kranke auf Kinder steh'n,
die im Staat als Pfarrer bekannt,
und wie viel Ausländer hier geh´n,
ach Deutschland, armes Vaterland,

Wer fern bleibt von solchen Leuten,
der genießt sicher sein Leben,
Oma sagt´s mit Glockenläuten:
„Oh Gott – hier geht viel daneben"

Die Regierenden

Die Regierenden fühlen sich verletzt,
obwohl sie Milliarden in den Sand gesetzt,
und trotzdem wird darüber debattiert,
wie man das Geld ins Ausland exportiert.

Und mit Ideen und frecher Hetze,
entstehen laufend neue Gesetze,
davon sei der Haushalt nicht betroffen,
sagen die, die wohl zu viel gesoffen.

Für weitere Kosten, ohne zu fragen,
geht es den kleinen Mann an den Kragen,
auch für den nächsten Plan, der längst besteht,
ist klar - dass er zu Volkes Lasten geht.

Ein Güterzug

Ein sehr, sehr langer Güterzug,
der andern Güterzügen gleicht,
befördert an Güter genug,
und tut sich auf den Schienen leicht.

Der erste Waggon, so sieht´s aus,
muss den Zug nach oben ziehen,
in Wahrheit sieht es anders aus,
hinten die Lok, ist am Schieben.

Vergleicht man´s mit Politiker,
die da sitzen, ganz weit oben,
dort trügen Schein und Sein viel mehr,
auch die – werden hoch geschoben.

Das deutsche Schiff

Das deutsche Schiff sinkt über Bug,
provisorisch flickt man das Leck,
die Regenten sind oberklug,
versammeln sich alle am Heck.

Tiefer sinkt das Schiff, es herrscht Not,
doch die Besatzung bleibt heiter,
wird getröstet mit Wurst und Brot,
gehorcht und wird nicht gescheiter.

Der Kapitän lügt verbissen,
will das Sinken noch vermeiden,
doch er wird von Bord gerissen,
und die Crew muss weiter leiden.

Ein neuer Kapitän muss her,
um das Seenotschiff zu retten,
und wenn er ehrlich ist und fair,
wird die Crew applaudier´n. – WETTEN?

Wir müssen handeln

Lasst uns das Unmögliche schaffen,
und nicht nur gehorchen und gaffen,
große Probleme liegen vor uns,
sie lösen, ist keine schwarze Kunst.

Wenn wir nur wollen, ist es machbar,
die Regierung ist kaum noch tragbar,
jetzt handeln, bevor es zu spät ist,
denn sonst verstreicht sie, unsere Frist.

Egal, ob und wie viel wir sparen,
es hat nichts gebracht, schon seit Jahren,
wenn wir jetzt nicht umgehend handeln,
werden wir die Zukunft verschandeln.

Es tobt Krieg überall auf der Welt,
im Ausland verschenkt man unser Geld,
Elend hier im Land, wird überhört,
systematisch wird alles zerstört.

Gegenwehr heißt jetzt die Devise,
sonst endet sie nie, diese Krise,
den ersten Schritt gemeinsam wagen,
hernach empfinden – Wohlbehagen.

Wir zahlen und zahlen

Wir zahlen für alles und meistens nur drauf,
haben kein Geld, doch wir nehmen's in Kauf,
trotz Schulden und völlig leerer Taschen,
bezahlen wir die "Nieten" und "Flaschen".

Wir honorieren Regenten, welch Hohn,
fürs Nichtstun, mit horrendem Spitzenlohn,
wir bezahlen für Firmenprobleme,
für Pleiten und marode Systeme.

Zahlen für "Schrott" und faules "Gemüse".
bluten für Banken und Wirtschaftskrise,
uns stehen längst zu Berge die Haare,
wir zahlen, von der Wiege bis zur Bahre.

Ein Staat kann nicht nur an "Andre" zahlen,
und ständig mit Geld und Wohlstand prahlen,
wenn wir nicht bald einen Aufstand wagen,
werden wir selbst – am Hungertuch nagen.

Dort wo einst ...

Dort wo einst Milch und Honig flossen,
wo die Dichter und Denker wohnten,
die ihr Dasein richtig genossen,
und wo sich Fleiß und Arbeit lohnten -

dort wird heute völlig ungeniert,
von Typen, die unqualifiziert,
Hals über Kopf alles ruiniert -
weil man nur nach Rum, Geld und Macht giert.

Sie zerstören unser Land

Um uns herum spielt die Welt verrückt,
vom Normalen sind wir abgerückt,
Kriege, Sanktionen, Wirtschaftsneid,
es herrscht Politikverdrossenheit.

Politische Reden – laut und lang,
machen im Nu jeden Bürger krank,
völlig irres Zeug wird schnell erdacht,
und kurzerhand zum Gesetz gemacht.

Viele Fremde kommen hier ins Land,
wir reichen ihnen freundlich die Hand,
doch Respekt lassen “DIE“ vermissen,
weil Neid und Gier bei ihnen sprießen.

Politiker sind auch nichts besser,
sie liefern uns ständig ans Messer,
Neudeutsche können mit Geld prahlen,
und wir müssen die Zeche zahlen.

Beide Gruppen zerstör´n unser Land,
der Bogen wurde längst überspannt,
drum müssen wir das Blatt schnell wenden,
damit wir nicht – im Sumpfe enden.

Immer mehr Frust

Ein Ostblockland steht in Flammen,
es kommt nicht einen Tag zur Ruh,
wir sind den Krieg am Verdammen,
doch schauen ganz gelassen zu.

Kritisiert werden Parteien,
bei denen der Ärger beginnt,
die uns belügen und schreien:
„Nur wer uns vertraut, der gewinnt."

Das Denken fällt denen wohl schwer,
die Wirtschaft ist fast schon zerstört,
im Kaufhaus sind Regale leer,
die Unternehmer sind empört.

Dieser stets schleichende Verlust,
bedeutet, Sterben auf Raten,
wir schwelgen immer mehr in Frust,
doch keiner mischt neu, die Karten.

Viele meinen – kommt Zeit, kommt Rat,
sehen alles sehr gelassen,
doch bald schreitet das Volk zur Tat,
und zwar in ganz großen Massen.

Dann beginnt ein neues Leben,
in diesem wunderschönen Land,
es lohnt sich wieder zu streben,
täglich – gemeinsam - Hand in Hand.

Nichts gibt es mehr

Mein ganzes Geld hab ich verbraten,
kein Cent ist mehr da vom Ersparten,
weil der Staat in meine Taschen greift,
ist dieser Entschluss sehr schnell gereift.

Nein, ihr Regierenden in Berlin,
ich lass mir nicht die Hose auszieh´n,
von mir bekommt ihr keinen Cent mehr,
fragt euch doch selbst, wovon und woher.

Ich hab stets geschuftet wie verrückt,
mir ist im Leben sehr viel geglückt,
schließlich war´s früher auch rentabel,
heute ist es nur noch, ´ne Fabel.

Gerackert, bezahlt und schlecht gelebt,
keiner weiß, was euch da noch vorschwebt,
kürzen, kürzen, uns wird's genommen,
ihr habt, weiß Gott, genug bekommen.

Ihr in Berlin seit große Klasse,
greift ständig in die Rentenkasse,
um das von uns eingezahlte Geld,
zu verschwenden in der ganzen Welt.

Nichts gibt es mehr, schlagt´s euch aus dem Sinn,
weil ich nun, ein armer Schlucker bin,
jetzt seht mal zu, wie ihr mich ernährt,
bis euer Abzockzug – anders fährt.

Strich, Strich, Strich

Überm Strich steht, was es betrifft,
meistens ist es, die Überschrift,
und ist diese von Wichtigkeit,
dann steht der Doppelstrich bereit.

Auf den Strich, kaum hinzuschauen,
geh´n so ganz gewisse Frauen,
die den Männern, den Bequemen,
spielend leicht das Geld abnehmen.

Unterm Strich, hofft ein jeder sehr,
dass niemals dort ein Minus wär,
doch gibt man mehr aus, als man hat,
findet auch mal, ´ne Pfändung statt.

Und von den Großen Staatlichen,
wird so mancherlei gestrichen,
damit sie sich, nach ihrem Willen,
ungeniert die Taschen füllen.

Zur Zeit wächst überall der Groll,
der Bürger hat die Nase voll,
Geld wird verschenkt, Kassen fast leer,
da muss schnellstens – ein Schlussstrich her.

Ein Staatsmann

Sein Gesicht ist oval, blass und matt,
aber auch ein wenig aufgeschwemmt,
er wirkt hart, weil er kein Lächeln hat,
doch sein dünnes Haar, ist glatt gekämmt.

Er sitzt als Staatsmann an seinem Tisch,
wo er die neue Weltenordnung schreibt,
Länder die er aus dem Atlas wischt,
hat er sich kriegerisch schon einverleibt.

Was mag man später von ihm schreiben?
Ein Diktator, der ein Land vertrat,
um ständig Kriege zu betreiben,
oder kürt man ihn als Demokrat?

Oder spricht man von einem Irren,
der stets die Weltherrschaft erstrebte,
der mit Kriegen und seinen "Wirren",
in einer Phantasiewelt lebte?

Er war der Große, der Verrückte,
der viele Länder ins Unheil trieb,
oder einer, dem alles glückte,
weil er eiskalt war – wie ein Dieb?

Falsche Propheten

Die falschen Propheten sind gekommen,
Menschen haben´s einfach hingenommen,
keiner spricht von den höheren Werten,
auch nicht von paradiesischen Gärten.

Sie reden von Gelüsten und Genuss,
von Spritzen und von ihrem ersten Schuss,
sie erzählen von Überfall und Mord,
als wäre es normal, an jedem Ort.

Diese, so neunmalklugen Propheten,
sollte man und darf man nicht anbeten,
Mitmenschen sind ihnen völlig egal,
mit ihnen zu leben, wird eine Qual.

Sie berichten keinesfalls von Respekt,
weil man eventuell damit aneckt,
sie randalieren ständig und immer,
und laut ihren Songs, wird es noch schlimmer.

Ihre Hetzkampanien tun nicht gut,
sie machen die ganze Menschheit kaputt,
drum raus mit diesen falschen Propheten,
dann muss niemand – deren Erbe antreten.

Nur belächeln

Auf Schilder in fast allen Gassen,
grinsen ungeniert Grüngenossen,
meinen, es steht im rechten Lichte,
wer auf Diesel und Gas verzichte.

Drum wird nun vielen klar, dumm sind sie,
eine Gefahr für Demokratie,
manch Roter wetzt bereits das Messer,
doch damit wird es auch nichts besser.

Der wahre Demokrat hier im Land,
reicht diesen Gesellen nie die Hand,
er tut seine Pflicht, macht seinen Job,
lacht – über besserwissenden Mob.

Was müssen wir noch ertragen

Manch einer beginnt sich zu fragen,
was müssen wir denn noch ertragen,
überall herrscht Elend auf der Welt,
sinnlos verhökert man Steuergeld.

Krieg, Kummer und unsagbar viel Leid,
sind an der Tagesordnung zurzeit,
Menschen fliehen aus ihrer Heimat,
Bomben machen ihre Häuser platt.

Schutz gibt es in einem fremden Land,
doch wird einiges dabei verkannt,
billiger Wohnraum ist nicht mehr da,
weil man die Notwendigkeit nicht sah.

Für Öl, Strom und Frieden zu sorgen,
wurde ständig vertagt, auf Morgen,
doch jetzt, wo´s an allen Ecken brennt,
wird klar, dass man Jahre – nur gepennt.

Machtkampf

Was ist nur auf uns´rer Erde los,
und warum gibt es so viel Chaos,
erst Syrien und jetzt Ukraine,
Frieden stellt keiner auf die Beine.

Jeder Regent denkt nur noch an sich,
obwohl er weiß, Krieg ist fürchterlich,
er sieht das Leid in zig Quartieren,
und lässt sie trotzdem bombardieren.

Ihm ist auch egal bei dem Konflikt,
dass er Andere darin verstrickt,
er sieht Machtkampf an, als seine Pflicht,
Diplomatie, interessiert ihn nicht.

Drum lässt er noch mehr Waffen sprechen,
um überall hervor zu stechen,
er will anerkannt sein und führen,
der ganzen Welt – lässt er es spüren.

5 Kurzgeschichten

Der Multimillionär

Nach wochenlanger Suche hat ein, an der Ostsee lebender Multimillionär, endlich einen neuen Chauffeur gefunden. Der junge, stattliche Mann, mit schwarzem Anzug, weißen Handschuhen, glatt gekämmten Haar, eine Schirmmütze unter dem Arm tragend, kommt pünktlich zum Dienstbeginn auf das riesige Villengelände des Superreichen und wird sofort von einem Hausbediensteten ins Chefzimmer geführt.

Der Multimillionär begrüßt seinen neuen Angestellten sehr höflich, erklärt noch einige Details zum Tagesablauf und geht dann mit den Worten: "Zunächst, bevor sie die Limousine vorfahren, möchte ich Ihnen noch mein Anwesen zeigen", in den Garten.

"Beginnen wir mit den wunderschön angelegten Rosenbeeten, hier habe ich selbst mit Hand angelegt. Ich habe mich vor Jahren einmal mit der Rosenzucht und der Gartenpflege beschäftigt - Sie sehen, was daraus geworden ist."

Der Chauffeur nickt bestätigend und lächelt seinen Chef, wie es sich geziemt, mit seinen strahlend weißen Zähnen an.

Gemächlich gehen die beiden weiter. Über einen rot gepflasterten Weg geht es direkt in einen prunkvoll gemauerten Pferdestall.

Wieder ergreift der stolze Besitzer das Wort: "Dieses Gestüt habe ich mir vor fünf Jahren zugelegt. Ich bin damals einen Tag geritten, konnte es aber gleich so gut, dass ich abends schon keine Lust mehr dazu hatte und es aufgegeben habe. Auf die Stallungen möchte ich aber trotzdem nicht verzichten!"

Mit großen Augen, aber wieder sehr gehorsam und zurückhaltend, nickt und lächelt der Angestellte.

"So, junger Mann, jetzt sehen Sie sich meinen Golfplatz an, ich habe ihn unmittelbar neben meinem eigenen Flugplatz anlegen lassen," erklärt der Multi mit stolzer Brust und fügt sogleich hinzu: "Golf habe ich damals einen Tag lang gespielt, habe aber auf Anhieb den besten Spieler aus dieser Gegend besiegt. Das hat mir jegliche Lust genommen und ich habe sofort wieder damit aufgehört!"

Etwas erstaunt über diese Äußerung fragt der Chauffeur mit leicht gesenktem Kopf: "Und der Flugplatz?"

"Ach ja," fährt der Millionär lässig fort, "vor Jahren habe ich einen Flugschein gemacht, bin dann aber nur einmal mit meinem Sportclipper geflogen. Wissen Sie, fliegen ist so einfach und macht mir deshalb überhaupt keinen Spaß mehr."

Wenige Sekunden nach diesem Satz kommt ein etwa zehn, vielleicht elfjähriger, sehr elegant gekleideter Junge, der dem Multimillionär sehr ähnlich sieht, über den kurzgeschnittenen Rasen gelaufen.

Etwas verschmitzt, aber bescheiden, den Arbeitgeber nur von der Seite ansehend meint der Chauffeur: "Ich liege sicherlich richtig mit der Annahme, dass das Ihr einziges Kind ist?!"

Im Moor leben ist gefährlich

Hell und klar hatte die Aprilsonne den ganzen Tag über dem Moor gelegen. Jetzt aber, mit Anbruch der Dunkelheit, trieb ein eisiger Nordwestwind grauschwarze Regenwolken am Himmel entlang.

Die junge Frau des Automechanikers wartete gedankenlos am Fenster auf Ihren Mann, der zu einer wichtigen Arbeit noch einmal in die Stadt gefahren und längst hätte zurück sein müssen. Sie machte sich ernsthafte Sorgen, denn es regnete inzwischen in Strömen und der Wind hatte sich zu einem heftigen Sturm entwickelt. Es wurde ihr langsam unheimlich bei dem Gedanken, alleine bei solch einem Wetter zu Hause zu sein und weit und breit keinen Menschen zu haben. Plötzlich zuckte die junge Frau zusammen, hielt sich erschrocken die Hände vor den Mund und stieß einen leisen Schrei aus. Für Sekunden war durch die zerfetzten Wolken das helle Mondlicht in den Garten gefallen und sie hatte zwischen den gespenstisch schaukelnden alten Weiden eine Männergestalt gesehen. Panische Angst stieg in ihr auf, mit kräftigem Ruck zog sie die Gardine zusammen, setzte sich gebückt in die hinterste Ecke der Couch und starrte zum Fenster. Ihre Gedanken kreisten wild im Kopf umher: "Vielleicht Einbrecher oder Landstreicher, vielleicht nur ein verirrter Spaziergänger? Ganz egal -Polizei anrufen!" Ohne weiter zu überlegen, stürzte die junge Frau ans Telefon, riß den Hörer aus der Gabel, wählte hastig, lauschte -, nichts. Sie wählte noch einmal -, nichts, der Apparat war tot.

Jetzt erst kam die junge Frau langsam zur Besinnung und immer wieder sagte sie sich: „Du musst ruhig bleiben, ganz ruhig bleiben!" Allen Mut zusammengerafft, schlich sie zurück zum Fenster, drückte langsam die Gardinen einen

Spalt breit zur Seite und warf einen kurzen ängstlichen Blick in den Garten. Da -, da war es wieder, sie hatte sich nicht getäuscht, eine Männergestalt bewegte sich zwischen den Bäumen. Langsam ließ sie den Vorhang zurückgleiten, huschte lautlos durchs Wohnzimmer, knipste die Deckenbeleuchtung aus, zündete eine Kerze an und stellte sie auf einen kleinen Tisch, der neben der Zimmertür stand. Vor Angst, mit den Nerven fast am Ende, rückte sie den schweren Wohnzimmertisch in Richtung Tür. Auf halbem Wege blieb sie jedoch erneut vor Schreck stehen. Ein Kloß steckte ihr im Hals, sie wagte kaum zu atmen. Obwohl der Wind laut heulte und der Regen immer stärker gegen die Fensterscheiben klatschte, hatte sie das Zufallen einer Tür oder eines Fensters gehört und jetzt kamen deutlich vernehmbar dumpfe Schritte den Korridor herunter. In ihrer Verzweiflung griff die junge Frau zu dem schmiedeeisernen Kerzenständer, blies die Kerze aus und baute sich schlagbereit neben dem Eingang auf. Sie hielt den Atem an, umklammerte den Kerzenständer noch fester als zuvor, wartete, bebte und horchte.

Langsam und fast geräuschlos wurde von außen der Türgriff heruntergedrückt. Die Tür öffnete sich einen Spalt, eine Hand schob sich hindurch, tastete an der Wand auf und ab, berührte den Lichtschalter, die Tür flog auf.

Die zitternde Hand mit dem Kerzenständer sauste herab. Doch der verfehlte sein Ziel. Blitzschnell hatte der Mann den Arm der jungen Frau gepackt und ihr die eiserne Waffe entrissen. Jetzt standen sich beide mit weit aufgerissenen Augen gegenüber, wie aus einem Munde riefen sie: „Was, - du ?"

„Ja, ich", fauchte der pudelnasse und kreidebleich gewordene Ehemann, "ich bin es, dein Mann, der bis spät in die Nacht hinein arbeitet, und ich bin es auch, der leise nach Hause kommt, um dich nicht zu wecken und dann von dir überfallen wird! - Sag mal, wie kamst du eigentlich auf solch eine Idee?"

Halb lachend, halb weinend antwortete die junge Frau: „Ich habe in der Dunkelheit im Garten zwischen den Weiden eine Gestalt gesehen und da glaubte ich an..."

Sie konnte ihren Satz nicht beenden, ihr Mann nahm ihr das Wort aus dem Mund: „Einbrecher, nicht wahr? Weißt du wer der Einbrecher war? - Mein Arbeitsanzug, genauer gesagt, mein Overall, den du vergessen hast hereinzuholen. Ich habe ihn vorhin von der Leine genommen und in der Waschküche aufgehängt."

Die junge Frau lachte jetzt lauthals auf, nahm ihren Mann in die Arme und flüsterte: „Es tut mir ja so Leid, mein Schatz, aber du weißt doch - im Moor leben ist gefährlich!"

Telefon 33 98 11

Ich sitze im Büro und sortiere einen Stoß bezahlter und unbezahlter Rechnungen, die schon länger als vier Wochen darauf warten, bearbeitet zu werden. Das ist eine Nachlässigkeit von mir, die ich aber wohl beibehalten werde, solange ich lebe. Sitzende Tätigkeit ist für mich schlimm; ich glaube manche Strafe würde ich besser aushalten. Für mich gibt es nur eine Arbeit, die mir Freude bringt, mit der ich verwachsen bin, die zu mir passt: die eines Gastwirts, eines Tanzlokalbesitzers. Dieses lockere Leben voller Neuigkeiten, voller Schwung und voller Spannung, in dem es mir von morgens früh bis abends spät in den Gliedern kribbelt, wo mich die verschiedensten Ereignisse in den verschiedensten Schattierungen überschütten, wo ein Ereignis das andere jagt: in diesem Leben bin ich verwurzelt. Sobald ich aber an meine Geschäftsbücher oder an meine Geschäftspapiere denke, überläuft mich ein kalter Schauer. Doch was hilft dieses ablehnende Gefühl, sie gehören nun einmal dazu.

Der Wind hat sich beruhigt, das Rauschen der Blätter ist kaum noch zu hören. Ich werfe einen Blick auf die alte Standuhr, es ist zwanzig nach acht, die ersten Sonnenstrahlen fallen ins Zimmer und zeichnen große, dunkle Schatten der Topfpflanzen auf den Teppich.

Das sitzen wird mir zur Qual, das Schreiben und Sortieren macht mich nervös, ich gehe ans Fenster und schnappe nach Luft, meine Hände umklammern einen Blumentopf, als wollten sie ihn zerdrücken. Weit beuge ich mich hinaus und sehe auf die Straße, auf die weiß und gelb getünchten Häuser, zwischen denen kein Mensch, kein Auto, nicht einmal ein Hund oder eine Katze zu sehen ist. Ich werde unruhig, ohne den Grund zu wissen. Die Krawatte wird mir lästig, ich reiße sie vom Hals, drücke sie zu einem Knäuel und werfe sie auf einen Sessel, aber das bedrückende Gefühl werde ich nicht los. Ich will hinuntergehen und einen Cognac trinken, aber noch bevor ich die Tür erreiche, schrillt das Telefon. Ich erschrecke

und wage mich nicht umzudrehen, ich bohre mir die Finger in die Ohren, versuche das Klingeln abzuschütteln, aber es bannt mich. Warum nehme ich den Hörer nicht aus der Gabel, es kommen doch jeden Tag, manchmal jede Stunde Anrufe ? Mache ich mir etwas vor ? Ich reiße den Hörer ans Ohr und spreche etwas lauter als gewöhnlich in die Muschel. Ich höre - nach einem kurzen Rauschen und Kratzen - eine Männerstimme: "Kriminalkommissar Thalmann, ist dort 33 98 11, Herr Förster? " Meine Augen werden grösser, der Mund öffnet sich von selbst, ein Kloss im Hals verstopft mir die Sprache. Was will die Kriminalpolizei von mir? Mir droht der Kopf zu platzen; doch ich muss antworten, ohne die Verfassung zu verraten, in der ich jetzt bin. "Sie sind richtig verbunden", sage ich mit etwas beschlagener Stimme. Wir verabreden ein Zusammentreffen für den nächsten Tag um zwei Uhr nachmittags.

*

Ganz genau erinnere ich mich an eine Zeit, die jetzt mehr als fünf Jahre zurückliegt. Es war Winter. In einem Hotel in einer Kleinstadt hatte ich Quartier bezogen. Das Zimmer war klein und in keiner Weise einladend: Ein schmales Bett, ein Nachtschrank, die Gardinen hatten überall altersschwache Stellen, aber ich musste damit vorlieb nehmen. Meine Firma, bei der ich damals noch als Vertreter arbeitete, hatte mir gekündigt; so zog ich umher und verdiente mein Geld, wo sich eine Gelegenheit dazu bot. Ich war Kellner, Buffettier, Taxifahrer, Eisverkäufer; jede Arbeit war mir willkommen, die nach Geld roch. So schnell ich jedoch Geld verdiente, gab ich es auch wieder aus. Bars und Tanzlokale wirkten auf mich wie Magnete, Mädchen, denen ich darin begegnete, zogen mir den letzten Cent aus der Tasche.

Drei Monate machte ich dieses Lotterleben mit, dann kam zufällig die große Chance. Abgebrannt, einen Haufen Schuldscheine in der Tasche, einen Zehneuroschein als eiserne Reserve in der Brieftasche, ging ich in eine Gaststätte. An der Theke wurde ich unfreiwilliger Zeuge einer Unterhaltung. Zuerst glaubte ich, die beiden jungen Mï¿½nner am Tisch hinter mir debattierten ï¿½ber einen Film, den sie gesehen hätten, doch nach einer Weile bemerkte ich, dass ein gut geplanter Einbruch der Gesprächsstoff war. Meine Ohren wurden immer größer, jedes Wort versuchte ich zu erhaschen. Als ich herausgehört hatte, sie brauchten einen dritten Mann.

Ganze zwei Tage kostete es mich, um den beiden voll vertrauenswürdig zu erscheinen. Erst dann erzählten sie von sich selber und von dem genauen Plan ihres bevorstehenden Coups, an dem ich, mehr oder weniger notgedrungen, teilnehmen wollte.

Gerd war der Ältere, ein robuster, knochiger Bursche mit tief zurückliegenden Augen und pechschwarzem Haar, ein Typ, der schwer zu durchschauen, noch schwerer aber zum Reden zu bringen ist. Er arbeitete in einem Warenhaus, sein Einkomme, nicht gerade gering, reichte trotzdem der Umstände wegen nie aus. Seine Mutter, die von einer kleinen Rente lebte, und der noch schulpflichtige Bruder muï¿½ten mit ernährt werden, für die Anschaffung eines Autos, das er sich sehr wünschte, fehlte es immer und immer wieder.

Uwe hingegen war aus einem ganz anderen Holz geschnitzt, er wollte aus Abenteuerlust stehlen und hinterher Geld ausgeben; von Arbeit hielt er überhaupt nichts.

In einer Augustnacht war es dann soweit. Mit einem Leihwagen fuhren wir in die sechs Kilometer entfernte Kleinstadt, parkten vor einem großen Gebäude, zogen die Mützen ins Gesicht und huschten in einen engen Gang, der um das Haus führte. Entschlossen, das "große Ding" schnellstens abzuwickeln, kletterten wir über einen zwei Meter hohen Zaun, schlichen zu einer Tür, die in den Keller führte und lauschten. Kein Laut war zu hören. Ich hatte Angst, das erste Mal im Leben richtige Angst. Der Gedanke an das, was in wenigen Minuten passieren sollte, machte mich fertig, ich zitterte am ganzen Körper, der Schweiß drang mir aus allen Poren. Meine Mahnung, noch zu warten, bis die Luft richtig rein sei, blieb ungehört. Gerd und Uwe versuchten schon die Tür mit einem Dietrich zu öffnen. Der Anfang war also gemacht und ich somit gezwungen standhaft zu bleiben. Jedoch jeder Versuch von mir, ein Werkzeug zu betätigen, schlug fehl, die Hände machten einfach nicht mit. Plötzlich wurde es hell neben uns, eine Taschenlampe strahlte an die Wand. Langsam kam der Lichtkegel in unsere Richtung. Wie angewurzelt blieben wir stehen. "Polizei" ging es mir wie ein Blitz durch den Kopf. Eine Sekunde später war es soweit, der taghelle Schein erfasste uns. Wir rührten uns nicht einen Zentimeter vom Fleck, wir waren schockiert. Die Taschenlampe kam näher, langsam, Meter für Meter. Mir blieb die Luft aus; wie durch eine Geisterhand schnürte es meinen Hals zusammen. Zehn Schritte vielleicht noch, dann würde die Person mit der Lampe unweigerlich vor uns stehen. Doch es kam anders. - Das Licht ging aus; stockfinstere Nacht umhüllte uns. Dann brüllte eine Männerstimme: "Einbrecher, verdammtes Gesindel, verschwindet oder ich rufe die Polizei!" Mit einem Blitzstart rannten wir in Richtung Zaun; Minuten später raste unser Leihwagen die Landstrasse hinunter. Erleichtert atmeten wir auf. Am nächsten Morgen packte ich meine Sachen und fuhr zurück in meinen Heimatort.

*

In der letzten Nacht habe ich kein Auge zugemacht, der gestrige Anruf der Kripo ließ mir keine Ruhe. Es ist halb drei, in dreißig Minuten muss ich im Präsidium sein. Meine Glieder zittern wie Espenlaub, während ich meine Krawatte schluderhaft binde; meine Gedanken überschlagen sich.
"Hat die Polizei diesen so lange zurückliegenden Einbruchsversuch noch bearbeitet? Aber warum sollte sie - es wurde doch nichts beschädigt?"
Noch zwanzig Minuten, ich muss den Mantel anziehen und mich auf den Weg machen. Da schrillt das Telefon. Zögernd greife ich zum Hörer, führe ihn langsam ans Ohr. Mit fast ruhiger Stimme melde ich mich: "Hier Förster". "Ach, gut, daï¿½ ich sie noch antreffe", dröhnt es mir ins Ohr, "hier spricht Thalmann, Kriminalpolizei. Guten Tag Herr Förster".
Ich werde nervös, beiße die Zähne fest zusammen, lausche.

"Es ist etwas Furchtbares passiert, Herr Förster, ich bitte tausendmal um Entschuldigung; aber Sie wissen ja selbst, wie es ist, wenn man überarbeitet ist. Ich hoffe, Sie nehmen es mir nicht übel; um es kurz zu machen, Herr Förster: Ich habe gestern die Telefonnummer verdreht, und zwar die 98 mit der 89, aber wie der Zufall es wollte, meldeten Sie sich mit dem gleichen Namen, den auch unser gesuchter Mann trägt. Nach Ihrem Vornamen zu fragen, habe ich leider vergessen. Vor zehn Minuten habe ich meinen Fehler bemerkt; ich bitte Sie aus diesem Grunde nochmals um Verzeihung." Er machte eine lange Pause, bevor er hinzufügte: "Ich hoffe, Sie nehmen mir mein Missgeschick nicht allzu übel." Diese Worte, die wie von einer Schallplatte herunter gerattert kamen, lassen mich aufatmen und leise durchschnaufen, mit erleichterter Stimme sage ich: "Lassen Sie es gut sein, Herr Inspektor, einen Fehler macht doch jeder mal; doch darüber unterhalten wir uns am besten heute Abend in meinem Lokal, bei einem gepflegten Glas Bier. Ich lade Sie herzlich dazu ein."
"Einverstanden!" ruft Herr Thalmann und verabschiedet sich.

Brombeermarmelade

Seit Jahren lässt er keine Party, kein Fest und keine Tanzveranstaltung aus. Der zweiunddreißigjährige Junggeselle und Sohn eines Fabrikanten sucht schon seit mehr als fünf Jahre nach einer zu ihm passenden, idealen Partnerin. Was er auch anstellt, wen er auch kennenlernt, es will einfach nirgends richtig funken.

Doch dann, eines Nachmittags, bei einer Autopanne weit ausserhalb seines Wohnortes passiert es. Er lernt rein zufällig ein zauberhaftes, hübsches und sehr reizendes Mädchen kennen. Ein Mädchen vom Lande; aber es ist Liebe auf den ersten Blick. Der Gutbetuchte trifft sie jetzt fast täglich, schenkt ihr rote Rosen, macht mit ihr endlose Spaziergänge, ist in allen Situationen grosszügig und äusserst aufmerksam. Auf elegante Weise hofiert er seine Angebetete jetzt schon vier Wochen lang. Bei einer innigen Umarmung läd er sie zu sich, in seine Wohnung, ein. Freudestrahlend nimmt sie die Einladung an.

Der Tisch ist reich gedeckt, alles was das Herz begehrt, findet das junge Mädchen in funkelnden Schälchen und Schüsselchen vor sich, nicht einmal der herrlich schwarz glänzende Kaviar und Champagner fehlen.

In vollen Zügen geniesst das Herzblatt vom Lande diese, für sie einzigartige, völlig berauschende, neue Atmosphäre. Sie schlemmert von jeder Köstlichkeit, lehnt sich zwischendurch glücklich und gefällig, tief durchatment, in ihren gepolsterten Stuhl. Jedes Räuspern, jede Bewegung seiner süssen Geniesserin nimmt der, über beide Ohren Verliebte, in sich auf. Um dem Ganzen noch das Tüpfelchen auf dem "i" zu verleihen, lässt er leise, ganz besonders zärtliche Musik durch den Raum klingen.

Mit strahlenden Augen und liebevoller, flüsternder Stimme fragt er: "Gefällt es Dir bei mir? - Ist das Essen nach Deinem Geschmack?"

Sehr, sehr schüchtern, fast kauernd erwidert sie leise und dabei verlegen an ihrem Kleid zupfend: "Es ist wunderschön bei Dir und das Essen ist einzigartig, einfach hervorragend - n u r - die Brombeermarmelade schmeckt etwas nach - Fisch!"

Gesellschaftliche Regeln

Der stattliche Lord McIntosh kommt drei Tage früher als geplant von einer politisch wichtigen Reise, die ihn durch fünf Städte führte, abends gegen dreiundzwanzig Uhr, nach Hause zurück. Um den Überraschungsmoment auszunutzen, schließt er leise die Eingangstür auf, entledigt sich seiner Schuhe und schleicht leise die Treppe zum Schlafzimmer hinauf. Vorsichtig und geräuschlos öffnet er die Tür. Er traut seinen Augen kaum, sein Kinnladen fällt herunter, er kommt sich vor wie im falschen Theater. Seine Frau liegt mit einem fremden Mann im Bett.

McIntosh ist empört, lässt sich seinen inneren Schock aber nicht anmerken, nimmt Haltung an, räuspert sich kurz und sagt mit strenger Stimme: "Gnädige Frau, sie werden verstehen, nachdem ich sie in flagranti mit ihrem Geliebten ertappt habe, dass es zwischen uns aus und vorbei ist. Sie kehren sofort, ohne jegliche Diskussion, in ihr Elternhaus zurück. Ich werde mir zwischenzeitlich über ihre Pension Gedanken machen und diese baldmöglichst festlegen. Unsere gesellschaftliche Stellung gestattet es leider nicht, dass wir uns scheiden lassen, aber ich möchte nicht mehr länger mit ihnen unter einem Dach leben, das sie so schamlos entehrt haben. Sie werden also ohne Umschweife und ohne wenn und aber, noch in der heutigen Nacht mit samt ihren Siebensachen abreisen."

Der, durch diese bitteren Worte etwas aus der Puste gekommene und im Gesicht vor Wut rot angelaufende McIntosh holt tief Luft, schiebt seine geballten Fäuste in die Jackentaschen, setzt dann seine Rede noch strenger und lauter als zuvor fort: "Und sie, mein Herr, sie sind das unverfrorenste, unverschämteste, übelste Subjekt, das mir je begegnet ist, ich möchte sie in meinem Hause niemals wiedersehen, und", fügt der jetzt völlig aufgebrachte Lord McIntosh brüllend hinzu, "sie könnten wenigstens aufhören, während ich rede!"

Plattdeutsche Gedichte

Unersettlich

So leevfull in dien ganz Wesen,
ümmer fründlich, froh un good launt,
is ni ´ne anner Fro to mi wesen,
daaröver heff ik faken al staunt.
Du büst stännig för mi an ’n Putzen,
bögelst Waschbargen, metershoog,
so veel Kraft un Flietigheid lett stutzen,
wo lang verdroggst du sükse Möhsal noch.
Ik laat mi dien Speisen munden,
se sünd good, Bitt för Bitt, Stück för Stück,
an ’n Disch geneten wi de Stünnen,
ik schoov di nienich de Teller torügg.
Elk Dag bewunner ik di,
heff mit di dat grode Los trucken,
ik glööv du büst unersettlich,
dat is wahr - un - keen Woord logen.

De Minsch schull...

sien Gedanken richtig lenken,
nich bloot an sik sülvst denken,
sünners sull he bewusst leven,
aver nich bloot ständig streven.

De Minsch schull…

sik över Lüttigkeiten freuen,
verkehrt Hanneln ümmer bereuen,
sik ok sülvst disziplineren,
nich bloot snacken vun Manieren.

De Minsch schull...

sien Hektik överwinnen,
Kraft ok in Roh finnen,
schull goot Wien geneten,
nienich Ööl in ’d Füer smeten.

De Minsch schull...

sien fiev Geföhlen insetten,
sik nich bloot för Geld afhetzen,
sünnern sien Leevsten krönen,
un se mit Leevd verwennen.

De Minsch schull...

sik to tweed de Welt ansehn,
nich alleen dör dat Leven gahn,
denn kummt mit Sekerheid daarto,
dat Du un Ik un Ik un Du.

De Minsch schul..

dat doon,
wat sien Leven levensweert maakt,
an jeden Dag, in jeder Nacht,
för jeden Atemtog dankbar ween,
denn hett he Erfolg, noch bavendreihn.

Een Meesterstück

Godd schoof de Welt vör lange Tieden,
toletzt vun den Mann en Exemplar,
un so schien dat darop hentowiesen,
dat he to düsse Tied al mööd weer.
Denn as he sien Geschöpf so beschaude,
daar fehlt dit un daar fehlt dat noch,
un an dit ganze Mannsbild dügde,
bloot een eenzig Rippe wat.
He hett em de rutnahmen,
un gau een Fro darut maakt,
so sünd se later to Welt kamen,
good formt un fardigstellt mit Bedacht.
Jedoch to de Fro geheem Lobe,
dat sücht man op den ersten Blick,
de Mann weer vun den Herrgott en Prove,
vun de Fro maakt he - en Meesterstück.

Gedanken to dat Öller

Man överleggt sik hier op Eern,
al mit teihn as lütt Kind,
as dat is mit dat Öllern weern,
un ob dat mit twintig al beginnt.

Doch is man eerst mal twintig,
grübelt man bloot noch half so stief,
un glöövt, eerst so üm de veertig,
is man för den Rullator riep.

Mit veertig is man all wieser,
un vun dat Leven mächtig prägt,
de Utsichten worrn lieser,
sösstig wurrd as old fastleggt.

Jedoch ok mit sösstig Lenze,
is man noch ümmer fit un flott,
achtzig warrd to'n Öllersgrenze,
eerst denn is man nutzlos Schrott.

Doch mit achtzig warrd man lachen,
un denken: „Noch bün ik nich dran,
weerd eenfach wiedermaken,
old wesen - fangt eerst mit hunnert an."

In so circa föfftig Jahr´

Af hüüd, in so circa föfftig Jahr´,
hett sück in Düütsland veel ännert,
dat old Klima is nich mehr dar,
un snackhaftig wurrd kuum noch gendert.

E-Fahrtüüg gifft dat ok nich mehr,
Waterstoff drifft nu Motoren an,
de Benzin- un Dieseltanks sünd leer,
den Solarantrieb verneeit man.

Un neven Linden an de Straten,
dejen grote Dattelpalmen,
Kraftfahrtüüg gifft dat woll in Massen,
aver nich een eenzig dröff qualmen.

Un Drohnen bringt Pakete in'd Huus,
de Breef wurrd mit Rohrpost tostellt,
Ruumtaxis flegen in'd All rut,
Minschen bewunnern so uns Welt.

Veel kann ik noch vertellen,
vun datt, wat in föfftig Jahren is,
aver ik will nüms hier quälen,
mit mien Prognosen – mien Mist.

Wenen

Well meent, man dröfft nienich wenen,
de sull denken, nich menen,
denn al as Kind hett man beleevt,
dat bi dat Wenen de Liev beevt.
Af un to weer de Pien groot,
bi de man Tranen vergoot,
un wenn dat wegen Truer weer,
weer dat seker nich bloot en paar.
Wenen mutt man ok denn un wann,
daarmit man sik erlichtern kann,
daar wordt denn so heftig lacht,
dat dat in'n Buuk ok Pienen maakt.
Ob Truer, ob Glückseligkeit,
Tranen stahn ümmer bereit,
un swemmen se vun de Wangen,
gifft dat Döker üm se to fangen.
Tranen hört to dat Leven,
de Freud un Leid Utdruck geven,
wenen dröfft man to all Tied,
denn wenen doot goot - un befreet.

Dien Leven

Kiek doch dien Leven so as an dien Garden,
wo Boom, Busch un Blomen op di töven,
so as en Garner musst du dat plegen,
veel Weert ok op dat Utsehn leggen.

Unkruut wegnehmen, aver ümmer mit Bedacht,
so as dat de Garner in’n Garden maakt,
hegen un plegen, van achtern bit vörn,
dat mit Freud doon un nienich mit Zorn.

Leev all Tied in den Garner sien Sinn,
un geev di ninich den Gliekmoot hen,
du kannst nehmen, aver musst ok geven,
denn strahlt in´n vullen Glanz - dien Leven.

Bookstaven

Gifft dat de Bookstaven nich,
harrn wi ok nix to lesen,
keen Breef, keen Book, keen Gedicht,
nix weer daar, nix daarwesen.
Dörper, Staden, Lännernamen,
weern as Lettern nich vörhannen,
in de Luft geev‘d keen Erbarmen,
Airlines moten ziellos lannen.
Wieser an Autobahnen,
würr man bit hüüd nich kennen,
Orten moten man erahnen,
oder mit een Tahl benennen.
Veel kann ik noch ziteeren,
wat ohn Bookstaven nich geiht,
aver ik dee mi blameeren,
wiel ohn ABC - ok hier nix steiht.

Sommertied – Urlaubstied

Hurra, nu is dat wedder so wiet,
wi sünd vull binnen, in de Sommertied,
Minschen gaht weer op Reisen,
welk wüllt de Welt ümkreisen.
Anner sitten vull Bang,
in een langen Autoslang,
un sünd se an ’t Ziel ankomen,
föhlt se sik platt un benomen.
Trotzdem wüllt se swimmen gahn,
oder fuul an de Küst stahn,
över anner Lüüd lachen,
oder een Spazeergang maken.
Villicht ok nee Frünnen finnen,
se en beten dichter an sik binnen,
mit ehr Kinner Sandburgen bouen,
un in de strahlend Ogen schau´n.
So een Urlaub is meist wunnerbar,
un geiht to gau rüm, so as jedet Jahr,
dat Vergnögen is in ’n Nu vörbi,
op de Heimfohrt – Urlaubswarmeree.
Un wenn dat Tohuus denn in Sicht,
fallt de Alldagsrott gau weer licht,
in de old bewährten Ruhehaven,
wurrd eerst mal richtig – utslapen.

Sommeravend

En Sommeravend still un klaar,
mit drömhaft sööt Blomenduft,
de Sünn maakt sik langsam raar,
wiel bald de Nacht to ’n Slaap röppt.

Licht Wind bewegt de Asten,
singt de Avendserenaad,
de Horizont in rode Westen,
glänzt as Märchenlandfassaad.

Disse schöön Impressionen,
de an ’n Avend faszineren,
gifft dat noch in Jahrmillionen,
un keeneen kann ehr – ruineren.

Stellenangebot

To ’n baldigen Intritt söökt wi:
Qualifizeden, Dynamsch Keerl,
mit veel Weten vun´n Arbeittier,
un charakterlek kievig Kern.

Wi beed an:
Överdörgahns Stünnenlohn,
Wiehnachtsgeld un dörteihnte Gehalt,
Umsatzbedeligen plus Provision.
Spesen wordt jeden Dag utbetahlt.

Wi verwachten:
Se schullen nich öller as twintig sien,
Berofserfahren wenigst acht Jahr,
fiev Jahr besitten een Führerschien,
teihn Jahr Fahrpraxis weer wunnerbar.

Ehr Anwennungsdokumenten mit Böstbild,
Wohnsitzangaav de vergangen dartig Jahr.

Wo?
Personalbüro eerst Schock, Zimmer 00,
Groot Klappsmöhlenstraat 3000,
Firma Makke un Dusslig in 0101 Cool,
Oortsdeel Dööſig.

Nochmaals Kind ween

Ik will geern nochmaals Kind ween,
so richtig toben, kreischen, schree'n,
Versteek spelen in Wald und Büschen,
Porgenglubber ut de Teken fischen.
Ut Brettern een Buud boen,
bi de Nahbers ok maal Appels klauen,
de Football tegen Schieven kicken,
un Oma in'n Achtern twicken.
Jeden Dag lüttje Strieken maken,
de Lüüd necken bit se lachen,
van wunnerschön Dingen drömen,
vör Freud völlig överschümen.
Eenfach nargens mehr rinstreten,
de Alldagssörgen ok vergeten,
leven ungeneert, so as dat fröher weer,
nochmaals Kind ween, daarnah sehn ik mi sehr.

De Wonnemaand Mai waakt op

Wenn de Wonnemaand Mai upwaakt,
waakt ok de schönste Drööm,
un wenn blau daarto de Himmel lacht,
bleuht wunnerschöön de Bööm.

Wildaanten wiesen ehr Küken,
erkunnen gemeensam den groten Diek,
gliek över hör danzen Mücken,
in´t Water leggt de Frosch sien Laich.

Liebespaare gaht spazeren,
de Kinner rönnt dör de Gaarn,
Eten kann man buten servern,
flietig warrt dat grillt un braden.

Dat warrt Maibööm opstellt,
een Musikkorps speelt frank un frei,
Minschen, de sik gau daarto stellt,
danzen - in den Wonnemaand Mai.

Daag gifft dat

Daag gifft dat, an de nix geiht,
wiel irgendwat in´n Weg steiht,
un düsse schreckliche Tied,
föhlt man as Ewigkeit.
Doch dat is klaar, nüms is schuld,
man bruukt man bloot Roh un Geduld,
so´n Wirrwar hett keen Iel,
slicht weg nach een Wiel.
So manch Kummer, Weh und ok Plaag,
verswinndt al an´n nächsten Dag,
blots bi een Nichverdränger,
düürt disse Pien meest länger.

Doch allens geiht eenmaal vörbi,
man föhlt sik weer ganz free,
nicht´s mehr daar, dat in´n Weg steiht,
man spört, dat wedder opwärts geiht.

De Naam ännern

Luut röppt een jungen Mann: „Verdammt,
ik mutt mien Naam ännern.“
He geiht daar op na’n Standesamt,
as’t Plicht is, in düütsch Lannen.
Een Beamten he heet Witte,
seggt good launt: „Also eerstens,
wat is dien Naam bitte?“
„Ik heet Kurt-Ferdinand Brenz.“
„So, so“, meent de Beamten dann,
un kann sik dat nich verbidden,
„wat is denn verkehrt daaran,
se köönt ja ok – Steert – heten.“
„Ehr Nahnaam is doch kien Hohn,
wat stört se daaran denn so sehr?“
„Ik segg – hier Brenz – an’n Telefoon,
un ümmer kummt de Füürwehr!“

Wild brusend Meer

Avenddämmerung över´d Meer,
an´n Himmel rode Wulkentörns,
blots de Horizont is grau un leer,
bold treckt de Nacht rin mit Storm.

In´n Tweelucht törnd sik de Wellen,
so as grote, sülvig Gestalten,
de sik vernegen un terschellen,
un in´n Strandsand wild schümend hollen.

In de Finsternis wogt sik dat Meer,
as een wild brusend Macht,
Wogen heevt un senkt sik swaar,
susen luutstark bit deep in´e Nacht.

Later, as wenn gaar nix wesen,
verstummt dit Brusen un Ruschen,
dat Meer is still, vun´n Storm geneten,
wiel Getieden - ehr Daarsien uttuschen.

Sanft upweckt

Sacht wurr ik vandaag weckt,
vun Sünnstrahlen küsst,
de Luft is zart as Konfekt,
een blau Himmelstelt grött.
Freudig streck ik de Gleder,
föhl mi rundüm gesund,
Amseln trillern al Leder,
in lichtdörfloten Bunt.
Flatterlings in´n Gaarn,
danzen as Feddern in´n Wind,
de ersten Immen starten,
wiesen wo fletig se sünd.
Disse Morgen is dröömhaft,
vun Natuurpracht umgeven,
in mien Adern de Saft,
gifft mi Ansporn to´n Leven.

Levenssinn

Veel hett di dat Leven geven,
kiek doch eenfach mal richtig hen,
dat lett sik ok noch bunter weven,
un villicht, is dat sogaar de Sinn.
Ümmer Good doon, n vörn kieken,
un mögelskt, so faken dat geiht, lachen,
de Persönlichkeit noch utbauen,
dat schusst du opstünns maken.
Of dat klappt, man weet dat nich,
dat Leven liggt in Gott sien Hannen,
statt to klagen, wies klar dien Gesicht,
denn warrt ok dat Schicksal - sik wenden.

Dat Leven is...

Dat Leven is faken komplizeert,
ok wenn nix, oder wenig passeert,
man lacht un leidt so vör sik hen,
un söcht na´n echten Levenssinn.
Maal is een froh, mal is een trurig,
un af un to is dat recht schurig,
denn överleggt man sik in't Stillen,
ob man se sluckt, vun´n Dokter de Pillen.
Dit Op un Af, is ne Achterbahn,
de ok föhren kann, bet hen to´n Wahn,
dorför dröff man nich vergeten den Satz:
„Das Leven is so - as´n Rummelplatz".

Bi Vullmaand in Oostfreesland

Bi Vullmaand schillt de See recht bleek,
de Seepeerdje galopeert övern Diek,
worden van de Seehunnen anbellt,
bit se sik in Rieg un Glied opstellt.
Dat Seegrass bewegt sik smedig licht,
wenn een Seewulfsrudel dör't Water slicht,
un wenn een Slangensteern dat Meer ophellt,
kiekt de Herings to'n Himmelstelt.
Bloots Plattfisken wirkt wat antreden,
wenn Nonnengöös an'd Ufer beden,
un wenn de Wattwörm ut'n Slick hoogsnellt,
denn bekiekt Hummer de Sandstrandwelt.
Daar wurd in Mengen Drievgoot answemmt,
dat dat Water ümmers de Wellen kämmt,
un de Branden mächtig in'n Tuum hollt,
dat se temelk langsam in'n Slaap verfalllt.
Drum moot man Oostfreesland bi Vullmaand sehn,
stünnenlang gemütelk an'n Strand lang gahn,
deep versinken in düsse Wunnerwelt,
de klaar to de Rubrik"Eenziartig" tellt.

In’n teihnten Stock

In’n teihnten Stock bi twintig Graad,
nimmt Susanne geern een Vullbad,
se singt ok geern, dat is Fakt,
in ehr Badestuuv, splitternackt.
Singend stiggt se ut de Wanne,
disse bildschöne Susanne,
glöövt sik, as ümmer, ganz alleen,
dor kickt een Finsterputzer rin.
Dicht an de Schiev steiht de Mann,
se is entsetzt un starrt em an,
de Mann seggt bloot: „Wat is geschehn,
hebbt se noch nie een Mann nich sehn?“

Leevsopklaren

Wenn ik di seh geiht de Sünn op,
Sehnsucht waakt op, nimmt ehrn Loop,
du hest de strahlendsten Ogen,
de all mien Sinnen roven;
dien Lippen wiesen mi Leevtalligheid,
ik drööm nich, seh de Würkelheid;
dien Stimm is so week, lecker rein warm,
vör luder Freud kunn ik blarr'n,
dien Huut, zart as kostbar Seide,
dien Hoor, feinlockt Gesmeide;
bi di spür ik Warmde, bi di will ik ween,
de Fro vun mien Leven – büst du alleen.

Denk ümmer daaran

Ik bün nich dien nett Toonband,
dat vun fröh bit laat funktioneert,
bin keen Chip vun dat Computerland,
de man wunskgemäß programmeert,
bin ok nich dien Feernsehgerät,
an de du zig Programme wählst,
nich de, de di de Hals ümdreiht,
wenn du mi mit Wöör quälst,
ik bün keen Lamp in´n Ruum,
de du ut un anknipsen kannst,
un noch längst keen wackligen Boom,
op de sien Astwark du danzt. ---
Ik bün en Minsch ut Fleesch un Bloot,
maak Fehlers denn un wann,
de Liev is mien Haab un Good,
un allens, wat ik di geven kann.

Wiehnachtlich bunt

De Christboom reckt bet to´n Deek,
an de Wand Tannengesteek,
vör´n Ingang steiht een Wiehnachtsmann,
so, dat em jedeen sehn kann,
un de Lichterkett in´n Flur,
brennt jeden Dag, rund üm de Uhr.
Wiehnachtlich bunt sünd de Straten,
dat warrt inköfft, in Massen,
Doch bet too´n fastlich Eten,
schöölt man de nich vergeten,
de alleen sünd un nix hebben,
vertichten möö op Gaben.
Sik op de Minschen besinnen,
de dat Fest hungerig beginnen,
se teelhaven loten an´n Leven.
ehr veel öfters wat geven. -
Oder mutt dat hier op Erden,
daarför eerst Wiehnachten weern?

De lesd Daag van’t Jahr

Wenn nu, in dat Jahr lesd Daag,
lies un mild de Snee vun´n Himmel fallt,
denn stellt man sik de bang Fraag,
wu dat woll wieder geiht op düsse Welt.
Gifft dat noch Minschen, de stets plegen,
ohn to zögern un van Harten,
ehr Hannen op Wunnen leggen,
bi Personen mit argen Smarten.
Woveel Minschen lett man eenfach stahn,
de eensam sünd an düsse Dagen,
un woveel Armen worden översehn,
wiel se nich jammern un nich klagen.
Dat nützt nix, wenn man Heel verkünnd,
in Wahrheit bloot an sik sülvst denkt,
beter weer‘d, wenn man sik verbünnd,
un gemeensam - Richtung Tokunft lenkt.

Wohr Dasien – echt erleven

Dat Leven kann veel moier sien,
prägt man sik disse Satzen in,
denn markt sogaar de Pessimist,
wat he kann un wat he is.
Stets de Hektik överwinnen,
Roh in sik sülvst finnen,
annnern Minschen Freud schenken,
ok mal an sik sülvst denken.
Jeden Dag marken wat wirklich tellt,
ok lütte Freuden van düsse Welt,
na Materiellen nich gieren,
sik sülvst mehr disziplineren.
Mit klaarn Bewusstsien leven,
nich bloot na Högern streven,
sik an de lütt Dinge erfreun,
Verrücktes doon un nich bereun.
Egen Gedanken nich bloot denken,
kostbaar Tied nich verschenken,
nich bloot nehmen, ok mal geven,
wohr Dasien – echt erleven.

Kinner in´n Harvst

Bruungeel Bläder danzen in´n Wind,
Kinner doofn in Harvstlaubhopen,
een jeder sütt, wo lustig se sünd,
wenn se dör´t bunte Blattwark lopen.
Se stampen ok geern in Pützen,
schimp nich över natte Fööt,
se sammeln de Ekeln in Mützen,
un knabbern de riepen Walnööt.
Kinner wüllt den Harvst beleven,
fuchtkoolt Luft is jem egaal,
se nasen vun´n Wienstock de Reeven,
Harvst is för Kinner - phenomenal.

Harvst

Harvst, du hest de Sömmer verdreven,
un as jümmer blitzflink hannelt,
nichts vun'n satten Gröön bleven,
hest allens in Geelbruun verwannelt.
Harvst, du hest dichten Nevel brocht,
daarto noch Hagel, Störm un Regen,
dat gifft kien klaar Steernnacht,
wiel sik Wulken daarvör bewegen.
Harvst, wo sünd dien feine Daag,
de in all Mund so bekannt,
Verbeter de Wedderdaag,
denn warrst du – golden Harvst nennt.

De harvstliche Tied

Den eenen Freud, den ännern Leed,
nu is se daar, de harvstliche Tied,
will ehr bunte Pracht uns wiesen,
un lett Bläder danzen, in´n Regen.
Ok wenn ik ümmer Bläder feeg,
in´n Garden mien Beed heeg,
ik seh dat överhoopt nich verbissen,
den Harvst woll ik eenfach nich missen.
Mien Kater speelt in n Bläderhopen,
is an´n Miauen un an´n Snupen,
he hett Spaaß an´t Spelen un Toven,
un ik mutt em af un an loven.
So hett de Harvst ok schön Sieden,
de sik op mien Gemööt utbrieden,
veel nehm ik ganz gelaten hen,
wiel ok ik - in´n “Harvsttietöller“ bün.

Mien Wiehnachtswunsk

Leeve gode Wiehnachtsmann,

ick wünsch mi düt Maal nich veel,

keen Auto, keen Computerspeel,

ick appeleer – bloot – an dien Gemöte,

dat sünnig is un vuller Güte.

Du weets akraat, wat allens so geschah,

daarüm schenk mi een godes nieges Jahr,

heff hüüt een Hart un wees so good,

dat ole Jahr is eh kaputt.

De Geig

De Geig, een schöön Instrument,
is een Kunstwark, dat woll jeder kennt,
manch een seggt ok Violine,
un speelt se jeden Dag, mit Routine.

Se is edel un ut fiensten Holt,
word präsenteert mit Lob un Stolt,
speelt warrt se mit een Bogen,
de meist mit Peerhaar betogen.

Saiten sörgt för den goden Klang,
dat is allmaal ok vun Belang,
denn bloot de good stimmten Saiten,
köönt de best Ton verbreden.

In‘ Orchester, in temlich hoog Tahl,
sünd Geigen meist ideal,
se mööt daar de Ton angeven,
anners gahn Konzerte flink daarneven.

Well goot Geig speelt, is Virtuoos,
dat geiht bi'n „Fiedler“ in'e Hoos,
denn bi stännig quietschend Ton,
loopt de Tohörer – glieks daarvon.

Brootsorten

Holtovenbroot sünd temlich lecker,
dat gifft daarvun höchst veel Sorten,
blots leider nich bi jeden Bäcker,
se hebbt dat nich in ehr Borten.
Wöög Joghurtbroot is kuum fraagt,
Konsumenten koopt dat bloot to Noot,
in de mesten Läden warrt seggt:
„Ik eet an´n levsten Vollkoornbroot."
Blots Roggenbroot mit Walnötgesmack,
is siet lang Tiet een Renner,
anboden warrt dat in´n Kilopack,
un as Häppchen, bloot för Brootkenner.
Doch een Dag geev dat Striet bi´n Bäcker,
mit een anners bannig nett Kundin,
se schree: „Dat geiht mi op´n Wecker,
daar is doch keen een Walnöötstücken in!"
De Bäcker seggt: „Daar nützt keen Söken,
dat gifft ok würgelk keen Sinn,
denn ok in en Marmorkoken,
is keen een´n Stücken Marmor in!"

Seggt mal... (Dat sünd nich de Schlümpfe)

Seggt mal, wo koomt ji denn her?
(Ut ganz Düütsland, bitte sehr!)
Un wat wüllt ji bi de EM?
(Football spelen, wi sünd doch plemplem!)
Meen ji nich, dat ji jo blameert?
(Nee, wi hebbt goot traineert!)
Worüm dröópt ji denn nich dat Door?
(Dar stoht meist tein Mann darför!)
Fehlt jo nich af un to de Kraft?
(Nee, wi drinkt doch Melk un Saft!)
Sett ji jo överhoopt en Ziel?
(Ne, wir kriegt dat Geld pro Speel!)
Wat maakt ji denn mit so veel Geld?
(Na, wi reist jümmers üm de Welt!)
Worüm wiest ji nich mehr Elan?
(Darför gifft dat gar keen Plan!)
Denkt ji, ji hollt hier den Pokal?
(Dat is uus doch schiet egaal!)
Denn föhrt doch beter gliek torügg
(Nee, wi setten vull op´n Glück!)

La, la, la, la, la, la, la, la la …

"GEMEENSAM" - "EENSAM"

Ik verstah de Minschen nich mehr,
se setten sik gegen nix to Wehr,
dat is kuum noch Freud to sehn,
allens schient licht stilltostahn.
Elkeen will mit´n Wind bloot segeln,
nüms scheert sik üm Norm un Regeln,
keen een will mehr wat bewegen,
nich Sitten un Gebruken plegen.
Een jedeen wusselt för sik alleen,
un will trotzdem de gröttste ween,
vergeet wurd dat Woort "GEMEENSAM",
anschienend heet de Tokunft "EENSAM".
Welkeen reert na Tosamenhold,
doch de mesten Lüüd laat dat koold,
wurd dat Dilemma so wieder gahn,
is vun Kultur - bald nix mehr to sehn.

Vadderdag

De mooiste Dag in´t ganze Jahr,
is för mi de Vadderdag,
dor föhl ik mi as en Star,
Maak dat, wat ik geern mag.
Been hooch, entspannt relaxen,
den Dag eenfach geneten,
oh´n Arbeit, oh´n hetzen,
en Gläschen Wien ingeten.
Avens en paar Regen lesen,
Mozart hören ganz entspannt,
Ogen slüten, beten dösen,
beennen dissen Dag – galant.

Vullmaandnacht

De letzt Wulken maakt sik raar,
de Vullmaand wiest sik hell un klaar,
aver Bernd finnd keen Slaap,
drum tellt he stünnenlang Schaap üm Schaap.
Later denn, as meist vörbi de Nacht,
treckt he mööd, gähnend in Betracht:
„Hebb tellt dat wollig Gedeer,
un de Wecker wiest al halven Veer“.
De Nees daarvun vull steiht he op,
löppt dör´n Slaapstuuv i´n Dauerloop,
doch bald is he kraftlos un matt,
man kann ok seggen, he is platt.
Övermööd sweevt he hen un her,
mit dat Gliekgewicht daar haperst sehr,
he stött sik, hett an´n Kopp een Dell,
denn fallt he üm - slööpt - op de Stell.

April maakt wat he will

April maakt wat he will,
seggt man vör Jahren,
hüüd is man lever still,
März gifft dat all Gefahren.
Klimawannel is an Schuld,
dat word bestimmt noch slimmer,
wenn vörbi de Erd Geduld,
verbannt se uns för jümmer.
Klima wannelt bloot de Minsch,
Geldgier, Raffsücht sünd Begleiter,
de Eer is as een Ranch,
wiet Land, wilde Rieder.
Nich April maakt wat he will,
wi sünd de Übeltäter,
maken nich maal een Deal,
wi sünd de Welt Verräter.

An´n See

De See glänzt hell in´n Sünnenlicht,
Libellen danzen hen un her,
un Frösch quakt deep in´n Dickicht,
luuthals krächzt een Eichelhäher.
In´n Gras schnattern de Wildanten,
de Wind speelt in´n Röhricht een Leed,
Reiher sünd de Dirigenten,
Snavel hooch, Richtung Schilfgebiet,
Een Bild vun Leven un Freeheit,
in de de Seel lacht vör Glück.
De Schaffung in vull Schönheit,
erkennt man – op´n eersten Blick.

Lehn Di torügg

Wenn all Dien lütten Swacken,
sik langsam aver seker vergellen,
denn swull de Lever,
streikt de Gall, un ok de Puust is faken all.
Aver trotz Öller,
Weh un Zipperlein,
wüllt Du nich en Fuulpelz ween,
Du hest in Di ümmer dat Verlangen,
noch wat Neeis antofangen.
Na gerume Tied word aver klaar,
dat Dien Neeianfang een Irrtum weer.
Drum föög Di, höör op to streven,
lehn Di torügg –
geneet Dien Leven.